英 文 注 释 本

说汉语

SPEAK CHINESE II

■ 第三版

主编　吴叔平

编者　来思平　赵娅　郑蕊

翻译　赵娅

下

北京语言大学出版社

BEIJING LANGUAGE AND CULTURE
UNIVERSITY PRESS

图书在版编目（CIP）数据

说汉语：英文注释本. 下册 / 吴叔平主编；来思平，
赵娅，郑蕊编. —3 版. —北京：北京语言大学出版社，
2008. 04（2013. 06 重印）
ISBN 978 - 7 - 5619 - 2066 - 4

Ⅰ. 说…　Ⅱ. ①吴…②来…③赵…④郑…　Ⅲ. 汉语 - 口
语 - 对外汉语教学 - 教材　Ⅳ. H195.4

中国版本图书馆 CIP 数据核字（2008）第 050452 号

书　　名：说汉语（第三版）英文注释本·下册
责任编辑：唐琪佳
封面设计：张　娜
责任印制：陈　辉

出版发行：北京语言大学出版社
社　　址：北京市海淀区学院路 15 号　邮政编码：100083
网　　址：www. blcup. com
电　　话：发行部　82303650／3591／3651
　　　　　编辑部　82303647
　　　　　读者服务部　82303653／3908
　　　　　网上订购电话　82303668
　　　　　客户服务信箱　service@ blcup. com
印　　刷：北京中科印刷有限公司
经　　销：全国新华书店

版　　次：2008 年 4 月第 3 版　2013 年 6 月第 3 次印刷
开　　本：787 毫米×1092 毫米　1/16　印张：11.5
字　　数：156 千字
书　　号：ISBN 978 - 7 - 5619 - 2066 - 4/H · 08055
定　　价：36. 00 元

凡有印装质量问题，本社负责调换。电话：82303590

使用说明

  《说汉语》是根据短期汉语教学的总体设计规划和编写的短期汉语教材，适用于有一定汉语基础、已掌握 1000 个词左右的学习者。

  《说汉语》针对外国人在中国学习和生活的实际需要，贯彻功能和语法相结合的原则，把情景对话组成单元，使常用词语和句型在课文和练习中不断重现，所学内容由易到难、循序渐进。

  《说汉语》的注释部分除对每课重点词语和语言结构的意义及用法作说明外，还对某些语言结构进行必要的扩展，讲解力求简明扼要，以帮助学习者掌握汉语的一般规律。

  《说汉语》全书共 40 课，分列 15 个单元，每课由课文、生词、注释和练习四个部分组成，书后附有词汇表和部分练习参考答案。《说汉语》的教学安排为每周 8 学时，每课需 4～6 学时，20～30 周学完全书。学习者学完全书，可掌握约 1000 个新词和 60 个新句型。

  《说汉语》自出版以来，一直受到从事对外汉语教学的教师、学者的关爱，也受到广大学习者的欢迎。北京语言大学出版社还将第二版列为"北语对外汉语精版教材"之一。但随着时间的推移，《说汉语》的一些内容已略显陈旧，所以，我们对其进行再次修订，吴叔平、来思平和赵娅参与了修订工作。在保留第二版原有框架的基础上，我们更换了部分课文，调整了部分语言结构的分布，使其更符合使用者实际需要。《说汉语》第三版分为上、下两册，并将推出英文、日文、韩文等多个文种注释本。

  在北京语言大学出版社领导的关心和支持下，在王亚莉、唐琪佳两位责任编辑的热忱帮助下，《说汉语》的再修订工作得以顺利完成，为此，我们表示衷心的感谢。

编　者

2008 年 3 月

FOREWORD

Speak Chinese is designed and compiled according to the general plan for short-term Chinese programs. It is intended for learners who have laid a basic foundation of the Chinese language and have a vocabulary of about one thousand words.

Speak Chinese is produced to meet the practical needs of foreigners studying and living in China. The textbook adopts a functional-grammatical approach, and is divided into units that are composed of dialogues related to daily situations. Throughout *Speak Chinese* , daily expressions as well as key sentence patterns appear recurrently in texts and exercises. The contents of the book gradually increase in difficulty.

In order to help learners grasp the general rules of Chinese, apart from explaining the meanings and usages of the key words, expressions and linguistic structures, the notes in each lesson in *Speak Chinese* also provide an extension of the usages of some linguistic structures with concise description.

The book has forty lessons in two volumes, which are divided into fifteen units. Each lesson consists of four parts: Text, New Words, Notes and Exercises. At the end of book there are a vocabulary list and answers to some of the exercises. The suggested teaching hours are 8 hours per week and 4 to 6 hours for each lesson. In this way, the whole book can be completed within 20 to 30 weeks. Upon completion of the whole book, learners will master about one thousand new words and sixty new sentence patterns.

Since its publication, *Speak Chinese* has received much attention of the teachers and experts in the field of teaching Chinese as a foreign language and has been welcomed by its learners. Beijing Language and Culture University Press has listed the second edition of *Speak Chinese* as one of the "BLCU Choice Chinese Textbooks for Overseas Learners" series. However, as the time went by, some contents of the book were out of date. Therefore, we have produced the third edition of the book. Wu Shuping, Lai Siping and Zhao Ya have participated in the revision work. Based on the structure of the book of the second edition, we have replaced some texts and rearranged the distribution of some linguistic structures so as to better meet the learners' needs. The English, Japanese and Korean versions of the third edition of *Speak Chinese* will be published.

Here we would like to express our heartfelt gratitude to those who have given us a lot of care and support for the revision of *Speak Chinese*, especially to Beijing Language and Culture University Press and editors Wang Yali and Tang Qijia.

Compilers
March 2008

目　录
CONTENTS

15 参观
Visiting

9 中国的习俗
Customs in China

第二十一课　我的名字叫京京
My name is Jingjing

课文 Text

A：她姓什么？

B：她姓林，叫林红。

A：中国姓林的多吗？

B：不太多。最多的姓是张、王、李、赵和刘。

A：听说中国有一本书叫《百家姓》，是不是中国有一百个姓呀？

B：不止一百个，现在常见的姓有两百个左右。

A：《百家姓》收了多少姓？

B：大约四百多个。这本书是宋朝人写的，宋朝的皇帝姓赵，所以书上的第一个姓就是"赵"。

A：听说中国人的名字有很多讲究，是吗？

B：古时候有很多讲究，现在简单多了。

A：您的意思是不太讲究了？

B：是的。

A：我发现以前女人的名字用"花""丽""香"的比较多。

B：对，男人用"虎""龙""海"的多一些。现在女人的名字变化比较大，有的和男人的名字差不多。

A：这可能是因为男女平等了，妇女不愿意再叫那些花呀、草的名字了。

B：大概是这样。还有，很多孩子有小名，叫起来很亲切。

A：这我没听说过。

B：有的小名是按属相起的，比如"小虎""龙龙""牛牛"什么的。

A：属相是什么？

B：这个问题一句话说不清楚，下次告诉你。还有的小名是用一些好听的词儿起的，比如"豆豆""乐乐""小欢"什么的。

A：啊，有意思！你也给我起个小名吧！

B：你就叫"京京"吧，北京的"京"。

A：太好了！

生词 New Words

❶	习俗	(名)	xísú	custom，habitude
❷	不止	(副)	bùzhǐ	more than
❸	左右	(名、动)	zuǒyòu	around，about；to control
❹	收	(动)	shōu	to collect，to receive
❺	皇帝	(名)	huángdì	emperor
❻	讲究	(名、动、形)	jiǎngjiu	careful study；to be particular about；exquisite
❼	古	(形)	gǔ	ancient，old
❽	丽	(形)	lì	beautiful
❾	虎	(名)	hǔ	tiger
❿	龙	(名)	lóng	dragon
⓫	牛	(名)	niú	ox
⓬	平等	(形)	píngděng	equal
⓭	花	(名)	huā	flower
⓮	草	(名)	cǎo	grass
⓯	小名	(名)	xiǎomíng	pet name（for a child）
⓰	亲切	(形)	qīnqiè	close，cordial
⓱	按	(介、动)	àn	according to；to press
⓲	属相	(名)	shǔxiàng	Chinese zodiac signs
⓳	起	(动)	qǐ	to name
⓴	豆	(名)	dòu	bean
㉑	乐	(形)	lè	happy
㉒	欢	(形)	huān	happy

专名　Proper Nouns

林	Lín	Lin（a family name）
赵	Zhào	Zhao（a family name）
刘	Liú	Liu（a family name）
宋朝	Sòng Cháo	the Song Dynasty

注释　Notes

1 不止一百个

"不止"，表示超出一定数量或范围。

"不止" indicates to go beyond a certain amount or range.

(1) 我们班不止他一人去过上海。

(2) 这本小说我看了不止两遍了。

(3) 她不止一次说过要看京剧。

2 现在常见的姓有两百个左右

"左右"用在数字后面表示概数。

When "左右" is placed after a number it indicates an approximate number.

(1) 他很年轻，看上去二十岁左右。

(2) 这件行李大概三十公斤左右。

(3) 一个星期左右我可以看完这本书。

3 听说中国人的名字有很多讲究

名词"讲究"表示值得注意或推敲的内容，常做"有"的宾语。

The noun "讲究" indicates that something deserves attention or consideration. It is often used as the object of "有".

(1) "张健"这个名字有讲究。

(2) 这句话怎么翻译很有讲究。

动词"讲究"表示讲求、重视。

The verb "讲究" indicates to pay particular attention to something.

(3) 这个作家很讲究用词。

(4) 他穿衣服很讲究式样。

形容词"讲究"表示精美。

The adjective "讲究" means exquisite.

(5) 这种点心做得十分讲究。

(6) 她穿得特别讲究。

4 有的小名是按属相起的

介词"按"表示遵照某种标准。其后多带名词或名词短语。

The preposition "按" means "according to". It is usually followed by a noun or a noun phrase.

(1) 大夫让我按时吃药。

(2) 房租、水电费按月算。

(3) 按每人两瓶水的数量买。

(4) 按现在的速度，我们三点以前可以到达。

|5| 有的小名是按属相起的

中国人用十二种动物记人的出生年，这十二种动物为"鼠、牛、虎、兔、龙、蛇、马、羊、猴、鸡、狗、猪"，即十二属相，也叫十二生肖。

The Chinese people use 12 animals to indicate the year in which a person is born. These animals are rat, ox, tiger, rabbit, dragon, snake, horse, sheep, monkey, chicken, dog and pig. They are called the "12 *shuxiang* " or "12 *shengxiao* ".

练习　Exercises

|1| 回答问题。

Answer the following questions.

(1) 你知道中国人的哪些姓？

(2) 请你介绍一下儿《百家姓》。

(3) 有些中国人的名字有讲究，你能介绍几个这样的名字吗？

(4) 在你们国家，人的名字有什么讲究？也有小名吗？

|2| 完成对话。

Complete the following dialogues.

(1) A：您贵姓？

B：＿＿＿＿＿＿＿＿＿＿＿＿＿＿＿＿＿＿。

A：您叫什么名字？

B：_____。

A：您能讲讲您的名字的意思吗？

B：_____。

(2) A：中国人最常见的姓有哪些？

B：_____。

A：_____？

B：常见的名字有"健""丽丽""虎"什么的。

A：这些名字有什么讲究？

B：_____。

(3) A：你们国家常见的姓有哪些？

B：_____。

A：常见的名字呢？

B：_____。

A：这些名字有什么讲究？

B：_____。

3 根据指定内容进行对话。

Make dialogues based on the following questions.

(1) 假如你有两个孩子，一男一女，你给他们起什么名字？
为什么？

(2) 你对起名字有什么看法？应不应该有讲究？

4 **完成句子。**

Complete the following sentences.

(1) 昨天我给他打电话打了＿＿＿＿＿＿＿＿＿＿＿＿＿＿＿。(不止)

(2) 他很讲究＿＿＿＿＿＿＿＿＿＿＿＿＿＿＿＿＿＿＿。

(3) 这些年＿＿＿＿＿＿＿＿＿＿＿＿＿＿＿＿＿。(变化)

(4) 应该＿＿＿＿＿＿＿＿＿＿＿＿＿＿＿＿＿＿。(按)

(5) 每天＿＿＿＿＿＿＿＿＿＿＿＿，这个工作要干十天左右。

(6) 听说他＿＿＿＿＿＿＿＿＿＿＿＿＿＿＿＿＿。

(7) ＿＿＿＿＿＿＿＿＿＿＿＿＿＿＿＿＿＿，是吗？(听说)

(8) 我去过很多地方，＿＿＿＿＿＿＿＿＿＿＿＿＿。(比如)

(9) 这个人身高有＿＿＿＿＿＿＿＿＿＿＿＿＿＿。(左右)

(10) ＿＿＿＿＿＿＿＿＿＿＿＿可以买一件很好的毛衣。(左右)

第二十二课　我属猴

I was born in the year of monkey

课文 Text

A：你喜欢兔吗？

B：喜欢。特别是小白兔，红红的眼睛、雪白的毛，谁见谁爱。

A：那今年你一定很高兴啰？到处是兔。玩具是兔，画的是兔，表演节目也和兔有关系。

B：当然啰，今年是兔年嘛。

A：听说在中国，每年用一种动物来代表，是吗？

B：是的，每十二年循环一次，这十二种动物也就是人们的十二个属相。

A：哦，原来这就是属相。哪十二种动物呢？

B：鼠、牛、虎、兔、龙、蛇、马、羊、猴、鸡、狗、猪。记住了吗？你还应该记住它们的顺序。

A：记住了。这么说，今年是兔年，十二年后又是兔年了？

B：对。去年是虎年，明年是龙年。

A：我懂了。今年出生的孩子属兔，去年出生的属虎，明年出生的属龙。对吗？

B：对。很多人的名字还和属相有关系呢。

A：张老师的儿子叫龙龙，他一定是龙年出生的，属龙，今年十一岁了。

B：用这个办法算一算，你应该属什么？

A：我今年二十六岁，应该属什么呢？我算不出来。

B：今年二十四岁的人属兔，二十五岁的属虎，二十六岁的属——

A：牛。太好了，大家都喜欢牛。

B：是啊，牛是我们的好朋友，有的能产牛奶，有的能耕田。

A：对啊。我属牛，那你属什么呢？

B：我属猴。

生词　New Words

❶	属	（动）	shǔ	to be born in the year of...
❷	兔	（名）	tù	rabbit
❸	雪白	（形）	xuěbái	snow white
❹	毛	（名）	máo	fur，hair
❺	玩具	（名）	wánjù	toy
❻	节目	（名）	jiémù	performance
❼	啰	（助）	luo	*a modal particle*
❽	嘛	（助）	ma	*a modal particle*
❾	代表	（动、名）	dàibiǎo	to represent，to stand for；representative
❿	循环	（动）	xúnhuán	to cycle，to circulate
⓫	原来	（副、形）	yuánlái	originally，actually；former
⓬	鼠	（名）	shǔ	rat
⓭	蛇	（名）	shé	snake
⓮	马	（名）	mǎ	horse
⓯	羊	（名）	yáng	sheep
⓰	鸡	（名）	jī	chicken
⓱	狗	（名）	gǒu	dog
⓲	猪	（名）	zhū	pig
⓳	顺序	（名）	shùnxù	order
⓴	出生	（动）	chūshēng	to be born
㉑	办法	（名）	bànfǎ	way，means

㉒	算	(动)	suàn	to calculate
㉓	应该	(能动)	yīnggāi	should
㉔	产	(动)	chǎn	to produce
㉕	牛奶	(名)	niúnǎi	milk
㉖	耕田		gēng tián	to plough the field

注释 Notes

1 雪白的毛

"雪白"，意思是像雪一样白。同样格式的形容词还有"冰凉""火红"等。这类形容词可单独做谓语，不再加"很"。做定语时后边要加"的"。其重叠形式为ABAB式，表示程度深。

It means that something is as white as snow. There are other adjectives of this kind such as "冰凉" and "火红". These adjectives can be used as predicates without "很". When used as attributives, "的" should be placed after them. The reduplicated form of these adjectives is ABAB, indicating a high degree.

(1) 你的手冰凉，多穿点儿衣服吧！
(2) 他站得笔直笔直的。
(3) 火红的太阳美极了。

2 谁见谁爱

疑问代词"谁"表任指时，可以指代任何一个人。"谁……谁……"句中，两个"谁"前后呼应，指同一个人。前一个"谁"所属的分句或短语多表示后一分句的条件或范围。疑问代词"什么""哪""哪儿""怎么"等也有同样的用法。

The interrogative pronoun "谁" indicates an arbitrary person. In the sentence with "谁……谁……", the two pronouns stand for the same person. The phrase or the clause with the former "谁" indicates a condition or extent of the second clause. Some other interrogative pronouns, such as "什么", "哪", "哪儿" and "怎么" can also be used in this way.

(1) 谁有问题谁问。

(2) 有什么吃什么。

(3) 你想去哪儿就去哪儿。

(4) 你怎么说，我就怎么办。

⌐3 表演节目也和兔有关系/很多人的名字还和属相有关系呢

"和（跟）……有/没有关系"常用来说人或事物之间的某种联系或影响。

"和（跟）……有/没有关系" is often used to indicate a certain relationship between or effect on people or things.

(1) 飞机不能起飞，跟天气不好有关系。

(2) 他考试成绩好，和他学习努力有关系。

(3) 这件事儿跟他没有关系。

⌐4 原来这就是属相

副词"原来"在这里表示发现了以前不知道的情况，有恍然醒悟的意思。

The adverb "原来" here is used in a sense that what was not known before is noticed in surprise.

(1) 怪不得她汉语说得这么好，原来她妈妈是中国人。

(2) 教室里这么安静，原来人都走了。

"原来"还可以指以前的某一时期，含有"现在已经不是这样"的意思。

"原来" can also indicate a period in the past, implying that now it is not like what it used to be.

(3) 原来我也想去的，因为有事儿没去成。

(4) 这儿原来交通很不方便，现在通了火车，方便多了。

5 有的能产牛奶，有的能耕田

"有的"用在名词前，指所修饰名词的一部分。两个或更多"有的"连用，表示列举不同的部分。

"有的" placed before a noun indicates a part of the noun being described. Two or more "有的" are used in succession to enumerate different things.

(1) 有的人爱看京剧，有的人爱看电影。

(2) 昨天有的地方下了雨，有的地方没下。

"有的"所修饰的名词，前面若已有概指的话，后面可以省略名词。

If there is a general reference to the noun being modified by "有的" in the former clause, the noun in the latter clause can be omitted.

(3) 那些人有的我认识，有的我不认识。

(4) 他那儿有很多画报，有的是英文的，有的是中文的。

练习　Exercises

1 回答问题。

Answer the following questions.

(1) 说一说中国的十二属相。

(2) 你知道哪些国家也有属相？有多少？

(3) 如按中国的属相，你该属什么？

(4) 如果今年是龙年，明年应该是什么年？

(5) 举一个例子，说明一些人名和属相有关系。

2 完成对话。

Complete the following dialogues.

(1) A：按十二属相算，你该属什么？

　　B：＿＿＿＿＿＿＿＿＿＿＿＿＿。

(2) A：真有意思，中国人用十二种动物来纪年。你知道在这
　　　 十二种动物中，中国人最喜欢哪些动物吗？

　　B：＿＿＿＿＿＿＿＿＿＿＿＿＿。

　　A：这么说，到那时候出生的人会比别的时候多了？

　　B：＿＿＿＿＿＿＿＿＿＿＿＿＿。

　　A：今年是什么年？

　　B：＿＿＿＿＿＿＿＿＿＿＿＿＿。

　　A：怪不得到处都能看到＿＿＿＿＿＿＿＿＿＿＿＿＿呢。

3 根据指定内容进行对话。

Make dialogues based on the following statement and questions.

(1) 介绍一下儿你们国家用什么方法代表不同的出生时间。

(2) 人的名字和出生时间有关系吗？

(3) 请你算一算，你们家的人都属什么？

4 用指定疑问代词改写句子。

Rewrite the following sentences with the words in the brackets.

例：小白兔真可爱，人人见了人人爱。(谁)

→ 小白兔真可爱，谁见谁爱。

(1) 你想去的地方，我都带你去。(哪儿)

(2) 这些东西，只要你喜欢吃，就可以吃。(什么)

(3) 老师说 "A"，你就说 "A"。(什么)

(4) 想去参观的人，都可以去拿票。(谁)

5 选择恰当的词语填空。

Fill in the blanks with the appropriate words from the list given below.

> 代表　　有关系　　到时候　　办法　　雪白

(1) 明年我们就可以见面了，_____我们在一起好好儿地聊聊。

(2) 小李住院了，昨天我_____全班同学到医院去看他了。

(3) 他这个人做事儿很有_____。

(4) 我生日那天，妈妈送我一件_____的毛衣。

(5) 他身体很好，这跟他每天锻炼_____。

第二十三课 春节
The Spring Festival

课文 Text

A：你知道吗？今天是中国的元宵节。

B：不知道。元宵节有什么讲究？

A：元宵节要吃元宵，还要看灯，很热闹的。

B：中国还有哪些节日？

A：很多。有春节，这是中国最重要的节日。春节以后过半个月就是元宵节。五月初五是端午节，八月十五是中秋节，阳历十月一号又是国庆节……

B：春节我知道。今年我在北京过了一个春节，真有意思！

A：给你印象最深的是什么？

B："福"字。春节的时候，整个北京城到处贴起了"福"字。"福"字为什么要倒着贴呢？

A：为了表示"福气到了"呀。你想，"倒"和"到"的发音不是一样吗？意思就是希望在新的一年里生活更幸福。除夕家家还要吃年夜饭。

B：这顿饭跟平常有什么不一样？

A：饭菜很丰盛，而且这些菜里一定要有鱼。

B：为什么？

A："年年有余"嘛。因为"余"的发音跟"鱼"一样，意思就是希望在新的一年里生活更富裕。春节你参加了什么活动没有？

B：去庙会看了看。

A：我从电视上看到庙会了。庙会真热闹，有节目表演，有风味小吃，有游戏，有书画……你对什么最感兴趣？

B：当然是对小吃最感兴趣了。

A：听说庙会的小吃很多，你尝了几种？

B：我尝了不少，各有各的特点，味道都不错。

A：听你这么一说，我也想去尝尝了。

B：我还听了几个关于风味小吃的故事，以后有时间给你讲讲。

A：太好了，那一定很有意思。

生词 New Words

❶	元宵	（名）	yuánxiāo	sweet dumplings made of glutinous rice flour
❷	热闹	（形）	rènao	lively，bustling with noise
❸	过	（动）	guò	to spend
❹	阳历	（名）	yánglì	solar calendar
❺	印象	（名）	yìnxiàng	impression
❻	深	（形）	shēn	deep
❼	整个	（形）	zhěnggè	whole，entire
❽	贴	（动）	tiē	to paste
❾	倒	（动）	dào	to reverse
❿	福气	（名）	fúqi	good fortune
⓫	幸福	（形、名）	xìngfú	happy；happiness
⓬	除夕	（名）	chúxī	New Year's Eve
⓭	年夜饭	（名）	niányèfàn	the meal at New Year's Eve
⓮	顿	（量）	dùn	*a measure word*
⓯	平常	（形、名）	píngcháng	at ordinary times，usual
⓰	丰盛	（形）	fēngshèng	rich，sumptuous
⓱	余	（动）	yú	remain
⓲	富裕	（形）	fùyù	prosperous
⓳	庙会	（名）	miàohuì	temple fair
⓴	游戏	（名）	yóuxì	game
㉑	书画	（名）	shūhuà	calligraphy and paintings

㉒	尝	（动）	cháng	to taste
㉓	味道	（名）	wèidào	taste
㉔	关于	（介）	guānyú	about

专名 Proper Nouns

元宵节	Yuánxiāo Jié	the Lantern Festival
中秋节	Zhōngqiū Jié	the Mid-Autumn Festival
端午节	Duānwǔ Jié	the Dragon Boat Festival
国庆节	Guóqìng Jié	National Day

注释 Notes

1 整个北京城到处贴起了"福"字

"整个"是全部的意思，如"整个上午""整个社会""整个会场"等。不需要用量词的名词如"年""天"等不用"整个"修饰，而用"整"，如"整年""整天"。

"整个" means whole, entire and complete, as in "整个上午", "整个社会" and "整个会场". Nouns that can stand alone without a measure word, such as "年" and "天" can be modified by "整", instead of "整个", as in "整年" and "整天".

(1) 他整个冬天都坚持游泳。

(2) 整个剧场没有一个人走动、说话，安静极了。

(3) 他整天都在忙那件事情。

2 为了表示"福气到了"呀

"为了"表示目的，常用在句首。

"为了" indicates the purpose of an action. It is often placed at the beginning of a sentence.

(1) 为了学习汉语，我到中国来了。

(2) 为了身体健康，他不抽烟了。

3 各有各的特点

"各……各（的）……"强调所指事物的不同点。

"各……各（的）……" stresses the differences between things.

(1) 这几本词典各有各的用处。

(2) 他们这几个人各有各的想法。

(3) 一下班大家就各回各的家了。

(4) 回到宿舍，他们俩各干各的事儿。

4 我还听了几个关于风味小吃的故事

"关于"表示关联、涉及的事物。

"关于" means "about".

(1) 关于京剧，我知道得很少。

(2) 现在，人们常谈关于保护环境的问题。

(3) 现在，我来说说关于这次旅游的事儿。

练习　Exercises

1　**回答问题。**

Answer the following questions.

(1) 你知道中国都有哪些节日？

(2) 哪个节日是中国最重要的节日？

(3) 你在中国过过什么节？

(4) 春节时，人们为什么要把"福"字倒着贴？

(5) 为什么吃年夜饭的时候一定要有鱼？

(6) 请介绍一下儿北京的庙会。

2　**完成对话。**

Complete the following dialogues.

(1) A：你来中国已经一年多了，能给我介绍介绍中国的节
日吗？

B：＿＿＿＿＿＿＿＿＿＿＿＿＿＿＿＿＿＿＿＿＿。

A：哟，这么多节日，哪个节日最重要？

B：＿＿＿＿＿＿＿＿＿＿＿＿＿＿＿＿＿＿＿＿＿。

A：那么，什么时候是元宵节？

B：＿＿＿＿＿＿＿＿＿＿＿＿＿＿＿＿＿＿＿＿＿。

(2) A：春节时你看见过倒着贴的"福"字吗？怎么样？

B：＿＿＿＿＿＿＿＿＿＿＿＿＿＿＿＿＿＿＿＿＿。

A：中国除夕还有什么习俗？

B：＿＿＿＿＿＿＿＿＿＿＿＿＿＿＿＿＿＿＿＿＿。

3 用指定词语完成句子。

Complete the following sentences with the words in the brackets.

(1) 明天是星期天，同学们一起商量怎么过这个星期天，____

_____。(有的……有的……)

(2) A：你们是怎么去颐和园的？

B：_____。(有的……有的……)

(3) 春节庙会上_____。(有……有……)

(4) 外国留学生很多，他们_____。(各……各……)

(5) 下课以后_____。(各……各……)

(6) 这是一本_____。(关于)

(7) _____，我听他谈过。(关于)

(8) _____，他每天都锻炼。(为了)

4 选择恰当的词语填空。

Fill in the blanks with the appropriate words from the list given below.

> 整个　　印象　　热闹　　为了　　关于　　过

(1) 他给人们的_____是非常能干。

(2) 春节那几天，_____北京到处都能看到"福"字。

(3) 去年，安娜是在北京_____的圣诞节。今年，她准备还在北京_____。

(4) 来中国的外国人非常希望了解_____中国社会各方面的情况。

(5) 春节期间，最_____的时候要数除夕了。

(6) _____给他买这件生日礼物，我跑了许多家商店。

5 根据指定内容进行对话。

Make dialogues based on the following statements and question.

(1) 谈谈中国的春节。

(2) 你知道中国还有哪些节日？

(3) 请介绍一下儿你们国家最重要的节日。

10 婚姻
Marriage

第二十四课 婚礼
The wedding

A: 听说你要结婚了，祝贺你啊！

B: 谢谢！这两天我正忙着布置新房呢。

A: 新房在哪儿呢？

B: 离我父母家不远。

A: 什么时候举行婚礼？

B: 新年以前吧，哪一天还没定下来。

A: 人们都喜欢在节日里举行婚礼，是不是？

B: 是的，元旦、春节结婚的人最多。又过节又结婚，双喜临门嘛。

A: 结婚举行什么仪式吗？

B: 请亲戚、朋友来参加我们的婚礼，大家在一起热闹热闹。

A: 结婚的钱是你自己攒的吧？

B：不都是。我们去年刚毕业，没攒下多少钱，父母还
帮助了些。

A：中国人结婚以后还和父母住在一起吗？

B：现在年轻人大部分都喜欢和父母分开过。

A：这样也好。老年人和年轻人兴趣不一样，分开过
矛盾少一些。

B：我们担心老人寂寞，本来打算跟父母住在一起，
可他们说喜欢清静一些。

A：这也能理解。

B：不过离得近，我们可以常常去看他们。

A：什么时候举行婚礼？别忘了告诉我啊！

B：到时候一定请你来喝喜酒。

生词　New Words

❶	婚姻	(名)	hūnyīn	marriage
❷	婚礼	(名)	hūnlǐ	wedding
❸	布置	(动)	bùzhì	to decorate
❹	新房	(名)	xīnfáng	bridal chamber
❺	新年	(名)	xīnnián	New Year
❻	定	(动)	dìng	to decide
❼	举行	(动)	jǔxíng	to hold
❽	双喜临门		shuāngxǐ línmén	a double blessing has descended upon the house
❾	仪式	(名)	yíshì	ceremony
❿	亲戚	(名)	qīnqi	relative
⓫	攒	(动)	zǎn	to save
⓬	分开		fēn kāi	to live apart, to separate
⓭	矛盾	(名)	máodùn	(n) disagreement, (adj) conflicted
⓮	担心		dān xīn	to be worried about
⓯	寂寞	(形)	jìmò	lonely
⓰	本来	(副)	běnlái	at first
⓱	清静	(形)	qīngjìng	peaceful and quiet
⓲	理解	(动)	lǐjiě	to understand
⓳	喜酒	(名)	xǐjiǔ	Wedding feast

注释 Notes

1 这两天我正忙着布置新房呢

"两"在这儿表示概数。

"两" indicates an approximate number here.

(1) 这种舞不难学，多跳两回就会了。

(2) 别客气，再喝两杯（酒）吧。

表示概数的还有"二十多岁""二三十度""……左右""几"等。

Approximate numbers may also be expressed by "二十多岁", "二三十度", "……左右" or "几" etc.

(3) 我体重七十多公斤，太胖了。

(4) 再过五六天就是春节了。

(5) 他们去上海旅行结婚，大概去一个星期左右。

(6) 你感冒了，就休息几天吧。

2 哪一天还没定下来

趋向补语"下来"表示通过动作使人或事物固定。

The complement of direction "下来" here is used in the sense that something or somebody has been fixed, stopped or taken down through an action.

(1) 旅行计划已经定下来了。

(2) 前面的汽车停下来了。

(3) 我把他的电话号码记下来了。

3 没攒下多少钱

"多少"可表示不定的数量。"没……多少"或"没多少"都强调数量不多。这是疑问代词"多少"的一种引申意义。

"多少" can indicate an indefinite number. "没……多少" or "没多少" indicates "a small amount with emphasis". This is an extended meaning of the interrogative pronoun "多少".

(1) 我没看过多少中文书。

(2) 天气太冷了，公园里没（有）多少人。

(3) 没花多少时间就把那件事儿办完了。

4 本来打算跟父母住在一起

副词"本来"表示"原先""先前"的意思，与"原来"相同。但"原来"还可表示恍然醒悟的意思，"本来"不能。

The adverb "本来", meaning "formerly" or "originally", is equal to "原来". "原来" can also express that a person suddenly discovers the truth or realizes the fact, but "本来" cannot be used this way.

(1) 他本来（原来）住在北京，后来搬到上海去了。

(2) 本来（原来）我不会滑冰，现在会一点儿了。

(3) 怪不得今天这么冷，原来夜里下雨了。

"本来"还可以表示按道理就该这样。

"本来" can also indicate that it is reasonable to do so.

(4) 你的病还没好，本来就不该去。

(5) 这件事儿本来就应该这么办。

(6) 这么小的孩子，本来就不该把他一个人留在家里。

练习　Exercises

1 回答问题。

Answer the following questions.

(1) 举行婚礼以前，人们要做什么？

(2) 人们都喜欢在节日里举行婚礼，为什么？在你们国家也是这样吗？

(3) 课文里说的这两个人，结婚用的钱是怎么来的？

(4) 他们结婚后打算和父母住在一起吗？他们的父母是怎么想的？

(5) 为什么现在许多年轻人结婚后喜欢和父母分开过？

2 完成对话。

Complete the following dialogues.

(1) A：在你们国家，人们都喜欢在什么时候结婚？

B：美国人喜欢春天 *huòzhě* *qiū*天结婚。

　　 yìbān

A：为什么？

B：天气很 *shūfu*，所以婚礼能在外边 *yǐhòu* *qìngzhù*。

A：结婚以前，需要作些什么准备？

B：我不知道　　　　　　　　　　　。

A：结婚用的钱是父母给的还是自己攒的？

B：有的人自己攒，有的人用父母的

A：结婚以后，年轻人是自己住还是和父母一起住？

B：<u>结婚以后大多人住在自己的家</u>。

A：父母对这个问题的看法是什么？

B：他们 ~~认为~~ rènwéi ~~子女~~ zǐ nǚ gǎi 自己。

(2) A：听说小李最近就要举行婚礼了，你知道是哪天吗？

B：_____。

A：我们怎么祝贺好呢？送他们一件礼物怎么样？

B：_____，_____？

A：小李做菜手艺不错，我们就送她一套漂亮的餐具吧。

听说，他们结婚后和父母住在一起，是吗？

B：_____。

A：这样也好，他们可以互相照顾。

③ **用指定词语完成句子。**

Complete the following sentences with the words in the brackets. 攒 攒

(1) 出国留学的钱 <u>你自己攒了吗？</u> ？（攒）

(2) 这件上衣 _____，现在洗得变

成白颜色了。(本来)

(3) _____，你去参加吗？（举行）

(4) 我没去过那儿，_____。（担心）

(5) 孩子很小，_____。（担心）

4　选择恰当的词语填空。

Fill in the blanks with the appropriate words from the list given below.

> 矛盾　本来　分开　原来　下来　寂寞　多少

(1) 下课时，老师让去旅行的同学留 <u>下来</u> 。
(2) 好久没见到他了， <u>原来</u> 他已经回国了。
(3) <u>本来</u> 打算去看他的，因为有事儿没去。
(4) 他们在一起住 <u>矛盾</u> 很多，后来就 <u>分开</u> 过了。
(5) 刚来的时候我没 <u>多少</u> 朋友，觉得很 <u>寂寞</u> 。

5　用下面的词语造句。

Make sentences with the words given below.

(1) 布置
(2) 攒
(3) 担心
(4) 分开
(5) 过
(6) 理解

6　根据指定内容进行对话。

Make dialogues based on the following questions.

(1) 你参加过婚礼吗？婚礼是怎么进行的？
(2) 在你们国家，结婚都有哪些风俗习惯？
(3) 年轻人结婚以后喜欢和父母在一起过吗？他们的父母呢？

第二十五课　新娘真漂亮
The bride is really beautiful

课文 Text

A：哟，这么大的布娃娃，真可爱！

B：这是送给同学的，她国庆结婚。

A：祝愿他们生一个可爱的小娃娃，是不是？

B：你真聪明！我带你一起去参加婚礼，怎么样？

A：那合适吗？我又不认识人家。

B：没关系，你是我的朋友，我带你去。到时候，你打扮得漂亮点儿就行了。

A：好吧。是不是我也应该买件礼物送给他们？

B：送不送都行。

A：对了，我刚买了一盘CD，是《爱情的故事》，送给他们吧。

B：那再好不过了。

A：新娘打扮得真漂亮啊！

B：不但新娘打扮得漂亮，你看，来参加婚礼的客人个个都打扮得漂漂亮亮的。

A：他们俩是大学同学吗？

B：不，是工作以后认识的。他们一见钟情，很快就相爱了。

A：真的？这跟小说里写的一样啰。

B：他们的爱情正是一篇好小说。你看，新娘笑得多甜。

A：是啊，找到了理想的爱人，当然高兴了。

B：你看见新郎了吗？就是那个胸前别着小红花儿的。

A：新郎也很精神。

B：他是个大夫，还喜欢写作，近几年发表了好几篇小说呢。

A：这可是天生的一对儿，真让人羡慕。

B：是啊，现在我也想结婚了。

A：你昨天还说一辈子不结婚，怎么一夜之间就变了？

B：什么都在变啊！

生词　New Words

❶	新娘	（名）	xīnniáng	bride
❷	娃娃	（名）	wáwa	baby，doll
❸	祝愿	（动）	zhùyuàn	to wish
❹	生	（动）	shēng	to give birth to
❺	人家	（代）	rénjia	others；he，they
❻	打扮	（动）	dǎban	to dress up
❼	盘	（量）	pán	*a measure word*
❽	爱情	（名）	àiqíng	love
❾	一见钟情		yí jiàn zhōngqíng	to fall in love at first sight
❿	小说	（名）	xiǎoshuō	novel，fiction
⓫	甜	（形）	tián	sweet
⓬	新郎	（名）	xīnláng	bridegroom
⓭	胸	（名）	xiōng	chest
⓮	别	（动）	bié	to fasten with a pin
⓯	精神	（形）	jīngshen	spirited，vigorous
⓰	发表	（动）	fābiǎo	to publish
⓱	天生	（形）	tiānshēng	inborn，innate
⓲	对儿	（量）	duìr	pair，couple
⓳	一辈子	（名）	yíbèizi	lifetime

注释　Notes

1　我又不认识人家

"又"在这儿是加强否定的语气。

Here "又" is used to reinforce a negative tone.

(1) 他又不会喝酒，干吗买酒？

(2) 你怎么拿伞呢？又没下雨。

"又"还可以表示几个动作、状态、情况累积在一起。

"又" can also indicate a series of actions, situations or circumstances happening together.

(3) 我想去，又不敢去，决定不下来。

(4) 他人很聪明，学习又努力，所以不到半个月就学会了。

(5) 这孩子又会唱又会跳，可爱极了。

"又"还可以表示动作、状态相继或重复发生。

"又" can also indicate that actions take place one after another repeatedly.

(6) 他昨天来了，今天又来了。

(7) 他写了一遍又一遍。

(8) 他刚坐下，又站起来了。

2　我又不认识人家

"人家"，代词，一般指自己或某人以外的人，相当于"别人"。

The pronoun "人家" indicates other people rather than oneself, equivalent to "别人".

(1) 这本书是借人家的，别弄坏了。

(2) 人家说什么，我不管。

有时指某人或某些人，相当于"他/她"或"他们"。
It means "他/她" or "他们".

(3) 我去参加婚礼合适吗？我又不认识人家。

(4) 安娜考试全班第一，咱们应该向人家学习。

3 那再好不过了

"再……不过了"表示程度最高，等于"没有比……更……的了"。
"再好不过了"意思是没有比这更好的了。

"再……不过了", the same as "没有比……更……的了", indicates a superlative degree. "再好不过了" means that nothing can be better.

(1) 请她唱歌？那再好不过了。

(2) 我们一起包饺子？那再好不过了。

(3) 送这个礼物再合适不过了。

4 新娘笑得多甜

"甜"在这儿表示"舒适、愉快"或"使人觉得舒服"的意思。一般不单用，常受副词修饰。

Here "甜" means sweet, comfortable, pleasant. Usually it cannot stand by itself, but is modified by an adverb.

(1) 这姑娘长得多甜。

(2) 这孩子睡得真甜。

(3) 那孩子小嘴特别甜，见人就叫叔叔、阿姨。

练习　Exercises

1 回答问题。

Answer the following questions.

(1) 那个布娃娃是送给谁的？为什么要送一个布娃娃？

(2) 新娘和新郎是怎么认识的？

(3) 介绍一下儿新娘和新郎的情况。

2 按正确的语序把下面的句子组合成一篇短文，然后根据短文内容进行对话。

Rearrange the following sentences into a short passage, then make a dialogue based on it.

(1) 今天他们终于结婚了。

(2) 她的男朋友突然得了重病，

(3) 小王的男朋友劝小王离开他，

(4) 她的男朋友在半年前完全恢复了健康。

(5) 我真为他们感到高兴。

(6) 两年前，就在小王要举行婚礼的前一个星期，

(7) 可小王没有这样做。

(8) 而且病了很长时间。

(9) 小王的男朋友非常感动。

(10) 在小王的关心和照顾下，

3 用指定词语完成句子。

Complete the following sentences with the words in the brackets.

(1) 他的家很远，你_____，怎么找得到呢？（又）

(2) 他身体不好，＿＿＿＿＿＿＿＿，不要让他来开会了。(又)

(3) 你昨天还说今天和我一起去颐和园，＿＿＿＿＿＿＿＿？
(怎么)

(4) 我昨天还见过他呢，＿＿＿＿＿＿＿＿？(怎么)

(5) 坐飞机旅行，＿＿＿＿＿＿＿＿。(再……不过了)

(6) 这么布置＿＿＿＿＿＿＿＿。(再……不过了)

4 选择恰当的词语填空。

Fill in the blanks with the appropriate words from the list given below.

> 带　打扮　别　天生　甜　合适　参加

(1) 你看，那个胸前 _别_ 着一朵小红花儿的小女孩儿笑
得多 _甜_ 。

(2) 她穿红色的衣服非常 _合适_ 。

(3) 女孩子们都希望把自己 _打扮_ 得漂亮一些。

(4) 他好像 _天生_ 就是一个学习语言的人。

(5) 一到星期天，她就 _带_ 孩子去公园玩儿。

(6) 他去上海 _参加_ 一个重要的会议。

5 根据指定内容进行对话。

Make dialogues based on the following statements.

(1) 介绍你认识的一对新娘和新郎。

(2) 讲一个你知道的爱情故事。

11 北京的建筑
Beijing's architecture

第二十六课　故宫御花园
The Imperial Garden of the Forbidden City

课文 Text

A: 今天我去参观故宫了。那真是世界闻名的古建筑，面积真大，一天可看不完。

B: 那是，它有七十二万平方米，房子有九千多间呢。

A: 确实是伟大的古代建筑，真了不起！

B: 故宫有五百多年的历史了。你参观的时候最喜欢哪儿？

A: 御花园。它虽然小，可是很有特点。比如那花石子儿路，就像艺术品一样。

B: 我怎么没注意它有什么特点？

A: 那简直不是路，而是一幅一幅的画儿。有花鸟鱼虫，有历史故事，有神话传说……有意思极了。

B: 真遗憾，我一点儿印象也没有。下次咱们一起去，在那儿多玩儿一会儿，好吗？

A：什么时候去好呢？

B：星期五吧，周末人太多。

A：不过，你再去可别在上边走了。

B：为什么？

A：要保护文物啊。大家都在上边走，那些画儿以后还会有吗？

B：是啊，走的人破坏了文物还不知道呢。谢谢你提醒了我。

生词 New Words

❶	建筑	(名)	jiànzhù	architecture
❷	御花园	(名)	yùhuāyuán	the Imperial Garden
❸	世界	(名)	shìjiè	world
❹	闻名	(动)	wénmíng	to be well-known，to be famous
❺	面积	(名)	miànjī	area
❻	平方米	(量)	píngfāngmǐ	square metre
❼	房子	(名)	fángzi	room，house
❽	间	(量)	jiān	*a measure word*
❾	伟大	(形)	wěidà	great
❿	历史	(名)	lìshǐ	history
⓫	石子儿	(名)	shízǐr	pebble，stone
⓬	艺术品	(名)	yìshùpǐn	work of art
⓭	简直	(副)	jiǎnzhí	at all，simply
⓮	幅	(量)	fú	*a measure word*
⓯	鸟	(名)	niǎo	bird
⓰	虫	(名)	chóng	insect
⓱	神话	(名)	shénhuà	fairy tale
⓲	传说	(名、动)	chuánshuō	legend；it is said
⓳	保护	(动)	bǎohù	to protect
⓴	文物	(名)	wénwù	cultural relic
㉑	破坏	(动)	pòhuài	to damage，to destroy
㉒	提醒	(动)	tíxǐng	to remind

注释　Notes

1　那是

"那是"表示肯定的语气。

"那是" indicates affirmation.

(1) A：北京的胡同儿真多。

　　B：那是，数不清有多少。

(2) A：中国大概是自行车最多的国家吧？

　　B：那是，中国是世界闻名的"自行车王国"。

2　那简直不是路

"简直"，强调完全达到或差不多达到了某种程度，有时表示一种极端的程度，带有夸张的语气。

"简直" stresses the fact that a certain extent has been completely or nearly reached. Sometimes it shows an extreme degree, bearing a sense of exaggeration.

(1) 他汉语说得好极了，简直跟中国人一样。

(2) 他们兄弟俩简直长得一模一样，让人分不出来。

(3) 听到这个消息，孩子们简直高兴得要命。

(4) 这张画儿画得真像，简直跟真的一样。

3　那简直不是路，而是一幅一幅的画儿

"不是……而是……"，先否定一件事情，然后再加以解释、说明。此种句式意在强调后一件事情。

In the sentence pattern "不是……而是……", the first clause negates a thing, the second clause then gives an explanation. Such a sentence stresses the clause led by "而是……".

(1) 他不是不聪明，而是不努力，所以学习不好。

(2) 不是我喜欢运动，而是大夫要我这样。

4 而是一幅一幅的画儿

"一"与量词重叠构成的数量短语做定语，表示个体的罗列，强调数量多，有加强描写的作用。第二个"一"可省略。

The reduplicated form of "一十 a measure word" is used as an attributive. It stresses a large amount in a descriptive sense. The second "一" can be omitted.

(1) 你看，前边是一座一座的新楼房。几年没来我都不认识这儿了。

(2) 饭店门口停着一辆一辆的汽车。

(3) 一本本的新书整整齐齐地放在书架上。

5 谢谢你提醒了我

"提醒"，表示从旁指点，促使注意。

"提醒" is used to bring something to somebody's attention or remind somebody of something.

(1) 我记不住，你提醒着点儿。

(2) 明天有考试，你提醒他早点儿起床。

(3) 我提醒过他多次，让他注意身体。

(4) 你多提醒提醒他，让他按时吃药。

练习 Exercises

1 回答问题。

Answer the following questions.

(1) 为什么说故宫是伟大的建筑？

(2) 介绍一下儿故宫御花园。

(3) 你最喜欢的名胜古迹是什么？为什么？

(4) 说一说你见过的最古老的建筑。

2 用下面的词语造句。

Make sentences with the words given below.

(1) 不是……而是……

(2) 简直

(3) 一点儿也不（没）

(4) 提醒

3 用指定词语完成对话。

Complete the dialogues with the words in the brackets.

A：你去过长城吗？

B：＿＿＿＿＿＿＿＿＿＿＿＿＿＿＿＿。（不但　去　而且　三次）

A：我也去过三次，长城＿＿＿＿＿＿＿＿。（确实　伟大）

B：是的，那长长的墙＿＿＿＿＿＿＿＿＿＿。

（不是　普通　而是　历史　奇迹）

A：怪不得它＿＿＿＿＿＿＿＿＿＿＿＿＿。（闻名）

B：你知道长城有多长吗？

A：有多长？

B：一万多里，所以叫万里长城。听说从月球上拍的地球照片上边都能看到长城呢。

A：啊，真是伟大的建筑。

4 根据指定内容进行对话。

Make dialogues based on the following statements and question.

(1) 你去过中国的哪些公园？请你说说中国公园的特点。

(2) 请介绍一个你们国家的公园。

5 复述课文。

Retell the text.

第二十七课　北京的街道
The streets of Beijing

课文 Text

A：北京的街道很多，最长的大街是长安街吧？

B：是的，长安街从东到西，笔直笔直的。原来并不长，一九四九年以后，不断整修、延长，现在全长有四十七公里。

A：它也是最宽的大街吧？

B：对，天安门前的长安街最宽有一百多米。

A：天安门广场是世界上最大的广场，长安街又那么宽，站在天安门广场，觉得心胸都开阔了许多。

B：你知道北京最短的街吗？它只有十几米长。

A：这条街在哪儿？

B：在琉璃厂的东南边，以前叫"一尺街"。

A：它也是最窄的街吗？

B：不是。前门外有一条街，最窄的地方只有两米多，算是北京最窄的街了。

A：这么说，长安街最宽的地方要比它宽几十倍啰。

B：是啊。北京的胡同儿也很有意思，最窄的胡同儿还不到七十厘米，两个人并排走都走不了。

A：明天我们去逛逛北京的胡同儿吧。听说，有些胡同儿的名字也挺有讲究呢。

B：我只认识一些有名的大街，不认识那些小胡同儿。

A：没关系，让小王带我们去。

B：坐车去吗？

A：不，骑自行车去。

北京的建筑
Beijing's architecture

生词 New Words

❶	街道	(名)	jiēdào	street
❷	笔直	(形)	bǐzhí	straight
❸	并	(副)	bìng	*used to stress a negative tone*
❹	不断	(副)	búduàn	continuously，ceaselessly
❺	整修	(动)	zhěngxiū	to rebuild
❻	延长	(动)	yáncháng	to extend
❼	公里	(量)	gōnglǐ	kilometre
❽	宽	(形)	kuān	wide
❾	广场	(名)	guǎngchǎng	square
❿	心胸	(名)	xīnxiōng	breadth of mind
⓫	开阔	(形)	kāikuò	broad-minded
⓬	窄	(形)	zhǎi	narrow
⓭	倍	(量)	bèi	time，fold
⓮	胡同儿	(名)	hútòngr	lane，alley
⓯	厘米	(量)	límǐ	centimetre
⓰	并排	(动)	bìngpái	side by side
⓱	逛	(动)	guàng	to stroll around

专名　Proper Nouns

长安街	Cháng'ān Jiē	Chang'an Street
琉璃厂	Liúlichǎng	Liulichang（a street of antique shops）
一尺街	Yìchǐ Jiē	Yichi Street
前门	Qiánmén	Qianmen（a name of a place）

注释　Notes

1　北京的街道很多

"街道"是"街"的集体名词。同样用法的如"房屋""车辆""书籍""人口"等。

"街道" is a collective noun. Other nouns of this kind are "房屋", "车辆", "书籍", "人口", etc.

(1) 街道上车辆很多，要注意交通安全。

(2) 街道两边的商店很多。

2　原来并不长

"并"用在否定词前边，加强否定的语气。有时略带反驳意味。

"并" is placed before a negative word to stress the negative tone. Sometimes it bears a sense of refutation.

(1) 他只是看看，并不想买。

(2) 这个句子有点儿长，但是并不难懂。

(3) 我教他是为了帮助他，并没有别的意思。

(4) 我并没有做错事儿，他为什么说我？

3　明天我们去逛逛北京的胡同儿吧

"逛"有外出散步、游览或随便走走、看看的意思，用于口语。

"逛" means having a walk, strolling around or visiting a place, used in spoken language.

(1) 他最喜欢逛公园。

(2) 他们常去逛商店，但很少买东西。

4 我只认识一些有名的大街

"认识"是认得或相识的意思。

"认识" means to know or to be acquainted with.

(1) 我认识王老师,但是不知道他住在哪儿。

(2) 我知道北京饭店在王府井,可是不认识路。

(3) 我听说过王林这个人,但是不认识他。

练习 Exercises

1 回答问题。

Answer the following questions.

(1) 长安街有多长、多宽?

(2) 北京最长的街和最短的街是什么街? 在哪儿?

(3) 北京最宽的街和最窄的街在哪儿?

(4) 请介绍一下儿天安门广场。

(5) 请说说北京的胡同儿。

2 用指定词语造句。

Make sentences with the words given below.

例:最宽   比   宽   十几倍

　　→ 长安街最宽的地方比这条街宽十几倍。

(1) 最热   比   热   六七度

(2) 最重   比   重   十多斤

(3) 最高   比   高   十几层

(4) 最大   比   大   几岁

(5)　最便宜　　比　　　便宜　　五毛钱

(6)　最贵　　　比　　　贵　　　几百块钱

3　从括号里选择词语填空。

Fill in the blanks with the appropriate words in the brackets.

(1)　我只_____这个名字，但是不_____这个人。(知道　认识)

(2)　我_____他的家，可是不_____他家的地址怎么写。
　　(知道　认识)

(3)　你_____语言大学在哪儿吗？(知道　认识)

(4)　你_____北京最好的饭店是哪个吗？(知道　认识)

(5)　我_____长城饭店在东郊，但不_____路。(知道　认识)

4　说出下列词的反义词。

Write out the antonyms.

例：大——小

长——　　　　　　　黑——

宽——　　　　　　　老——

深——　　　　　　　胖——

好——　　　　　　　贵——

重——　　　　　　　热——

5　完成句子。

Complete the following sentences.

(1)　长安街是北京_____，最宽的地方有_____
　　米；也是_____，有_____公里。

(2) _____ 是北京最 _____ 的街，它只有

_____ 长；最窄的街在 _____ ，只有

_____ 宽。最窄的胡同儿 _____ 。

(3) 我们班 _____ 最高，他有 _____ ；最

小的是 _____ ，他今年 _____ 岁。

(4) 今天 _____ 来得最早， _____ 就到教

室了。

(5) _____ 睡得最晚，他常常 _____ 才睡。

6 请谈谈你们国家的首都或你所在城市的街道。

Tell something about the streets of the capital city in your country or the

city where you live.

第二十八课 第一个走过金水桥的人

The first man who crossed the Golden Water Bridge

课文 Text

A：我来考考你，天安门前边是什么？

B：天安门广场。

A：天安门和广场中间呢？

B：长安街呀。

A：那么天安门和长安街中间呢？

B：哦，有一座桥，叫——

A：金水桥。你在上边走过吗？

B：走过。我想，在上边走过的人不知道有多少呢。

A：可是，你知道谁是第一个走过金水桥的人吗？

B：不知道，你说说吧。

A：据说，金水桥建成后，皇帝让大家选一个人，让他第一个走过金水桥。

B：哦，选个什么条件的人呢？

A：要有道德。

B：这么说，皇帝对金水桥很重视。

A：是的。大家选了一个叫杨蠹的人。

B：他有什么优点？

A：传说，他常常骑驴外出。可是当他知道邻居的小儿子怕驴叫以后，他就不再骑驴而是走着去了。

B：这个故事我要讲给我的邻居听听，他常常很晚了还大声唱歌。

A：还有，有一次一连下了好几天雨，他的邻居把水放到他家院子里。家里人很生气，他却说："下雨的时候少，晴天的时候多，算了！"

B：他事事能为别人着想，难怪选他呢。

生词　New Words

①	考	（动）	kǎo	to quiz，to test
②	据说	（动）	jùshuō	it is said
③	选	（动）	xuǎn	to select，to choose
④	条件	（名）	tiáojiàn	requirement，qualification
⑤	道德	（名）	dàodé	moral
⑥	重视	（动）	zhòngshì	to pay much attention to
⑦	优点	（名）	yōudiǎn	merit，virtue
⑧	驴	（名）	lú	donkey
⑨	邻居	（名）	línjū	neighbour
⑩	大声		dà shēng	loudly
⑪	院子	（名）	yuànzi	yard
⑫	生气		shēng qì	to get angry
⑬	算了		suàn le	let it be
⑭	着想	（动）	zhuóxiǎng	to consider（the interests of somebody or something）

专名　Proper Nouns

金水桥	Jīnshuǐ Qiáo	the Golden Water Bridge
杨翥	Yáng Zhù	Yang Zhu（name of a person）

注释 Notes

1 在上边走过的人不知道有多少呢

"不知道"意思是"太多了",多到不可能知道数目的程度。"不知道"也可以表示程度高,还可说"不知"。

It means so many that it is uncountable. "不知道" indicates a high degree. "不知" can be used in the same way.

(1) 那天的晚会真热闹,不知道演了多少节目。

(2) 你妈妈见到你,不知道有多高兴呢。

(3) 等啊等,不知要等到什么时候。

2 他就不再骑驴而是走着去了

"着"用在两个动词之间,表示动作的方式。

"着" is placed between two verbs, indicating the way something is done.

(1) 他笑着回答问题。

(2) 他喜欢躺着看书。

(3) 他们俩站着讨论问题。

3 算了

"算了",表示不要再进行某事或不再计较的意思。

"算了" indicates to stop doing something or let it pass.

(1) 他不愿意去就算了,咱们去。

(2) 算了,这点儿钱就别还我了。

(3) 算了,这点儿小事儿不值得生气。

练习　Exercises

1　回答问题。

Answer the following questions.

(1) 金水桥在什么地方？

(2) 第一个走过金水桥的人是谁？

(3) 为什么要让他第一个走过金水桥？

(4) 请介绍一下儿杨轰这个人。

2　根据课文内容完成短文。

Complete the passage according to the text.

　　　　第一个在金水桥上(1)＿＿＿＿＿＿的人叫(2)＿＿＿＿＿＿，大家(3)＿＿＿＿＿＿他是因为他是一个有(4)＿＿＿＿＿＿的人。他这个人有很多(5)＿＿＿＿＿＿，主要是他总是(6)＿＿＿＿＿＿为别人(7)＿＿＿＿＿＿。有一次，一连下了好几天雨，(8)＿＿＿＿＿＿的院子里有很多水，他们就把水(9)＿＿＿＿＿＿到杨轰家的(10)＿＿＿＿＿＿里。杨轰家里的人非常(11)＿＿＿＿＿＿，可是杨轰却说："下雨的时候(12)＿＿＿＿＿＿，晴天的时候(13)＿＿＿＿＿＿，(14)＿＿＿＿＿＿！"

3　填入恰当的动词。

Fill in the blanks with appropriate verbs.

(1) 今天学的生词我都＿＿＿＿＿＿住了。

(2) 我没＿＿＿＿＿＿过这样的意见。

(3) 大家都＿＿＿＿＿＿他＿＿＿＿＿＿代表。

(4) 他＿＿＿＿＿＿着自行车去上班。

(5) 我＿＿＿＿＿＿蛇，你＿＿＿＿＿＿不＿＿＿＿＿＿？

(6) 他常常给我＿＿＿＿＿＿故事。

(7) 做事应该常为人家＿＿＿＿＿＿。

4 **模仿例句改写句子。**

Rewrite the following sentences after the examples.

例：除夕每家人都要吃年夜饭。

　　→ 除夕家家都要吃年夜饭。

(1) 他每天骑自行车外出。

(2) 我们班每个人都有这本书。

(3) 小王每个月都请他的朋友吃饭。

(4) 南方人喜欢每顿饭都吃米饭。

(5) 她穿的每件衣服都很合适。

(6) 这些苹果每个都很甜。

5 **选择恰当的词语填空。**

Fill in the blanks with the appropriate words from the list given below.

> 走着　　算了　　大声　　生气　　难怪　　着想

(1) ＿＿＿＿＿＿小王不愿意跟我们去看电影，原来他要陪女朋友去买东西。电影院很近，我们＿＿＿＿＿＿去还是骑自行车去？

(2) 你别＿＿＿＿＿＿他的＿＿＿＿＿＿，他是跟你说着玩儿的。

(3) 请你＿＿＿＿＿＿点儿说，我听不清楚。

(4) 我们做事情应该多为大家 _____。

(5) _____ ，别麻烦人家了，我们自己做吧。

6 **根据指定的内容进行对话。**

Make dialogues based on the following statements.

(1) 举例说明哪些事儿是有道德的表现。

(2) 你认为哪些事儿是没有道德的表现。

第二十九课　天安门
Tian'anmen

课文 Text

A：昨天我登上了天安门城楼，真是大开眼界。

B：在封建时代，那是皇帝举行大典的地方。一九四九年以后，也只有国家领导人才能上去。

A：一九八八年元旦开始，天安门城楼成了参观的地方，你可以去参观参观。

B：我很想去。你先给我介绍介绍。

A：天安门建成五百多年了。它真是伟大的建筑。听说一块城砖就有二十四公斤重。

B：城楼里边怎么样？很漂亮吧？

A：那还用说？漂亮极了！城楼里有六十根大柱子，屋顶画着各种图案，方砖地又光又平，挂着的宫灯更有民族特色。

B：城楼面积有多大？

A：两千平方米。

B：站在城楼上看广场，你觉得怎么样？

A：觉得广场离得很近，广场周围的建筑，像人民大

会堂、中国国家博物馆等就在眼前，非常壮观。

B：我想，从城楼上看北京的夜景一定也很美吧？

A：我也这么想。以后有机会咱们一定得亲眼看看。

生词 New Words

❶	登	（动）	dēng	to go up，to climb
❷	城楼	（名）	chénglóu	city gate tower
❸	大开眼界		dà kāi yǎnjiè	to open one's eyes，to broaden one's mind
❹	封建	（名、形）	fēngjiàn	feudalism；feudal
❺	时代	（名）	shídài	era，age
❻	大典	（名）	dàdiǎn	grand ceremony
❼	国家	（名）	guójiā	country，state
❽	领导	（名、动）	lǐngdǎo	leader；lead

⑨	块	(量)	kuài	*a measure word*
⑩	城砖		chéng zhuān	brick of a gate tower
⑪	柱子	(名)	zhùzi	pillar
⑫	屋顶	(名)	wūdǐng	ceiling
⑬	种	(量)	zhǒng	kind
⑭	图案	(名)	tú'àn	design
⑮	方砖		fāng zhuān	square brick
⑯	光	(形、副)	guāng	glossy；only
⑰	平	(形)	píng	flat，smooth
⑱	宫灯	(名)	gōngdēng	palace lantern
⑲	特色	(名)	tèsè	distinctive feature
⑳	眼前	(名)	yǎnqián	before one's eyes
㉑	壮观	(形)	zhuàngguān	splendid，grand
㉒	夜景	(名)	yèjǐng	night scene

专名　Proper Nouns

人民大会堂	Rénmín Dàhuìtáng	the Great Hall of the People
中国国家博物馆	Zhōngguó Guójiā Bówùguǎn	the National Museum of China

注释　Notes

1 也只有国家领导人才能上去

连词"只有"表示唯一的条件，非此不可。后面常用副词"才"呼应。

The conjunction "只有" means "only", and is often followed by the adverb "才".

(1) 只有努力，才能学好汉语。

(2) 只有不怕困难，才能成功。

(3) 只有经常复习，才能记住学过的生词。

2 听说一块城砖就有二十四公斤重

"就＋动词＋数量词"时，如果"就"轻读，而前面的词语重读，则表示说话人认为数量多。

In the structure "就＋ verb ＋ numeral", if the words before "就" are stressed, it indicates the speaker feels that the number is great.

(1) 小张真能喝酒，昨天他一个人就喝了四瓶啤酒。

(2) 课文越学越难了，现在一课就有二三十个生词。

3 听说一块城砖就有二十四公斤重

"有＋数量短语"表示达到了某个数量。

"有＋numeral phrase" indicates a certain amount has been reached.

(1) A：城楼面积有多大？

B：大概有两千平方米。

(2) A：今天的气温有多高？

　　B：有二十五六度。

4　那还用说

"那还用说"意思是不用说。"还"用在反问句里，加强反问语气。反问句是一种强调的表达方式，否定的反问句强调肯定，肯定的反问句强调否定。

"那还用说" means obvious. Here "还" is used in a rhetorical question for emphasis. A rhetorical question is used to make emphasis. A negative rhetorical question stresses a positive sense, and vice versa.

(1) A：昨天的京剧演得真不错。

　　B：那还用说？那些演员都是名演员。

(2) A：明天晚上有舞会，你去吗？

　　B：那还能不去？我早就想跳舞了。

(3) 他们几年没见了，见面还能不高兴吗？

5　以后有机会咱们一定得亲眼看看

"亲"有"自己"的意思。"亲"字加上"眼""耳""口""手"等表示身体一部分的名词，组成"亲眼""亲耳""亲口""亲手"等副词。

"亲眼"表示自己看见的。

"亲" means "personally". "亲" can be used with some nouns indicating a part of the human body, as in the adverbs "亲眼", "亲耳", "亲口" and "亲手".

"亲眼" means "to see with one's own eyes".

(1) 我亲眼看见她坐在他的汽车里。

(2) 我早就想亲眼看看长城，今天总算看到了。

"亲耳"表示自己听见的。

"亲耳" means "to hear with one's own ears".

(3) 这是我亲耳听他说的，没错儿。

(4) 大家都亲耳听到了这句话。

"亲口"表示出于本人之口或是用自己的嘴尝，强调事情的真实性。

"亲口" indicates that somebody says something himself, stressing the truthfulness.

(5) 他亲口告诉我再也不来这儿了。

(6) 这个菜我亲口尝过，一点儿不咸。

"亲手"表示自己动手做的。

"亲手" means "to do something by oneself".

(7) 这件衣服是她亲手做的。

(8) 这棵树是他父亲年轻时亲手种的。

此外，还有"亲自""亲笔"。

"亲自"表示重视某事而自己去做。

Similar expressions are "亲自" and "亲笔".

"亲自" indicates that somebody pays attention to something and therefore does it oneself.

(9) 院长亲自陪着客人参观。

(10) 他亲自来了一趟。

"亲笔"表示对某事重视而自己动笔。

"亲笔" indicates to write something oneself.

(11) 这是他的亲笔信。

(12) 鲁迅先生亲笔给一位青年写了回信。

练习　Exercises

1 回答问题。

Answer the following questions.

(1) 天安门是个什么地方？

(2) 天安门建成多少年了？

(3) 城楼里边怎么样？

(4) 站在城楼上看广场觉得怎么样？

2 根据课文内容完成短文。

Complete the passage according to the text.

　　天安门已经有五百多年的(1)＿＿＿＿＿＿了。在(2)＿＿＿＿＿时代，天安门是皇帝举行(3)＿＿＿＿＿＿的地方。城楼的面积有(4)＿＿＿＿＿＿，楼内有六十根大(5)＿＿＿＿＿＿。如果你亲眼看见，你会觉得它非常(6)＿＿＿＿＿。天安门广场是(7)＿＿＿＿＿＿上最大的广场，如果你(8)＿＿＿＿＿在天安门城楼上，你会觉得(9)＿＿＿＿＿。

3 选择恰当的词语填空。

Fill in the blanks with the appropriate words from the list given below.

> 亲自　　亲口　　亲笔　　亲手　　亲眼

(1) 昨天我收到王总的＿＿＿＿＿信。

(2) 这件事儿是小王＿＿＿＿＿告诉我的。

(3) 这件衣服是朋友送我的生日礼物，是她＿＿＿＿＿做的。

(4) 如果不是我＿＿＿＿＿看见，我还真不相信呢。

(5) 你这么忙，还＿＿＿＿＿来送我，太感谢你了。

4 根据指定内容进行对话。

Make dialogues based on the following statements.

(1) 说一说天安门和天安门广场给你的印象。

(2) 介绍一个你们国家的重要建筑。

5 谈谈天安门、故宫、天安门广场、金水桥这几个地方和它们各自的特点。

Say something about Tian'anmen, the Forbidden City, Tian'anmen Square and the Golden Water Bridge, and their characteristics respectively.

12 访问
Visiting old friends

第三十课 为重逢干杯
A toast to our reunion

课文 Text

A：你怎么现在才来啊？

B：我正要出门，有人找我打听事儿，耽误了时间。很抱歉，让你们久等了。

A：没什么，快进来吧。把大衣挂在这儿。

C：尼可，几年不见，你还是老样子，一点儿没变。

B：是吗？你们都好吧？

A：谢谢，都很好。

C：菜都摆好了，你们边吃边谈吧！

A：那我们吃饭吧！

A：你来点儿白酒吧？

B：不，还是喝啤酒，我怕醉了。

C：那喝点儿葡萄酒没关系吧？来，为我们重逢干杯！

A、B、C：干杯！

A: 请吃吧，别客气！家常便饭，没什么好吃的。

B: 这么多菜，真丰盛。我都吃不过来了。

A: 来，趁热吃。

B: 这个菜味道真不错，是你做的吗？

A: 我哪有这两下子呀？这是她的拿手菜。

B: 你可真有福气，有这么一位好爱人。

C: 你过奖了。

B: 老王，你现在每个星期还上那么多课吗？

A: 我不教书了，现在在一家合资公司当翻译。

B: 工作怎么样？

A: 工作很有意思。不过很忙，还常常出差。

B: 李老师呢？

C: 我还在学校工作。尼可，你成家了没有？

B: 早就结婚了，连孩子都有了。

A: 这次，你爱人怎么没一起来？

B: 孩子还小，她脱不开身。明后年有机会她一定来。

C: 你们别只顾说话，菜都凉了。

A: 来，再来一杯。

B: 不，我已经酒足饭饱了。你们慢吃。

生词 New Words

❶	访问	(动)	fǎngwèn	to visit
❷	重逢	(动)	chóngféng	to reunite
❸	干杯		gān bēi	to drink a toast
❹	耽误	(动)	dānwu	to delay
❺	抱歉	(形)	bàoqiàn	sorry
❻	样子	(名)	yàngzi	appearance，shape
❼	白酒	(名)	báijiǔ	liquor, alcoholic drink
❽	啤酒	(名)	píjiǔ	beer
❾	醉	(动)	zuì	to be drunk
❿	葡萄酒	(名)	pútaojiǔ	wine
⓫	家常便饭		jiācháng biànfàn	home-made food，simple meal
⓬	趁	(介)	chèn	taking the advantage of，while
⓭	两下子	(名)	liǎngxiàzi	a few tricks of a trade
⓮	过奖	(动)	guòjiǎng	to overpraise
⓯	合资	(动)	hézī	joint venture
⓰	翻译	(名、动)	fānyì	translator，interpreter；translation；to translate
⓱	出差		chū chāi	to be on a business trip
⓲	成家		chéng jiā	to get married
⓳	脱身		tuō shēn	to get away

⑳	顾	(动)	gù	to concentrate on
㉑	凉	(形)	liáng	cold; cool
㉒	酒足饭饱		jiǔ zú fàn bǎo	to have drunk and eaten to satiety

注释　Notes

1　耽误了时间

"耽误"指因拖延或错过时机而误事。

"耽误" means "to lose the chance because of delay".

(1) 这件事儿一直耽误到今年还没解决。

(2) 对不起，耽误你休息了。

(3) 参加活动太多要耽误学习的。

2　我都吃不过来了

"得/不＋过来"做动词的可能补语，表示由于时间、精力、数量等原因，能不能周到地完成某事或能不能顾及事情的各个方面。这是"过来"的一种引申意义。

"得/不＋过来", a complement of possibility, indicates that something can or can't be completed satisfactorily or taken care of from every aspect because of the time, the energy, the amount, etc. It is an extended usage of "过来".

(1) 北京的名胜古迹太多了，一个星期跑不过来。

(2) 这里事儿太多，你一个人忙得过来吗？

(3) 这里事儿太多，我一个人忙不过来。

3 我哪有这两下子呀

"有（这）两下子"指有某一方面的才能或技术。也可说"有两下儿"。

"有（这）两下子"means "to be good at something" or "to be skill-ful with something". We can also say "有两下儿".

(1) 没想到你做菜还真有两下子。

(2) 她做买卖有两下儿。

(3) 他这两下子，够我学两年的。

4 连孩子都有了

用"连"提出某一突出事例加以强调，表示所强调者尚且如此，推及其他更是如此了。"连"后用"也、都、还"与之呼应。

Here "连" is used to bring out a conspicuous case for emphasis, in-dicating the case being emphasized is like this, not to mention other ca-ses. "连" is often followed by "也", "都" or "还".

(1) 这件事儿连我都知道了，他一定早知道了。

(2) 他连饭也没吃就急急忙忙走了。

(3) 小王连想也没想就回答出来了。

(4) 我哪儿认识他？我连他姓什么都不知道。

5 她脱不开身

"脱不开身"表示由于某种原因不能离开某种场合或摆脱某件事情。

"脱不开身" indicates that a person cannot, for some reason, get a-way from a circumstance or something.

(1) 他正在开会，这会儿脱不开身。

(2) 最近他事情太多，脱不开身。

(3) 她天天忙着照顾病人，怎么脱得开身顾别的事儿？

练习　Exercises

1　回答问题。

Answer the following questions.

(1) 尼可为什么来晚了？

(2) 这几年尼可怎么样？

(3) 尼可的爱人为什么不跟尼可一起来中国？

(4) 请介绍一下儿老王家的情况。

2　用指定词语进行对话。

Make dialogues with the words given below.

(1) 耽误　久等　抱歉

(2) 两年不见　好像　瘦　累

(3) 丰盛　吃不过来　味道不错　拿手菜　为……干杯

3　选择恰当的词语填空。

Fill in the blanks with the appropriate words from the list given below.

> 顾　醉　趁　耽误　家常便饭　脱不开身

(1) 没准备什么好吃的，_____，请不要客气。

(2) 因为有病，_____了两天课。

(3) _____出差的机会，看看老朋友。

(4) 真对不起，因为工作忙，_____，不能参加你们的
婚礼了。

(5) 我们只_____谈话，都坐过站了。

(6) 少喝点儿可以，不要喝_____了。

4 用指定词语完成句子。

Complete the following sentences with the words in the brackets.

(1) 这么多工作，_____。(忙不过来)

(2) 没想到她唱歌_____。(有两下子)

(3) 他_____就走了。(连……也……)

(4) 东西太多了，你一个人_____？(拿得过来)

(5) 真抱歉，中午来问您问题，_____。(耽误)

5 根据指定内容进行对话。

Make dialogues based on the following statement and questions.

(1) 谈谈这个周末你要请客的事儿。（你打算请谁？怎么招待他们？）

(2) 你常常请朋友来家里做客吗？在你们国家招待朋友时要注意什么？

第三十一课　小王，我们看你来了
Xiao Wang, we've come to see you

课文 Text

A: 咱们到郊区走走,呼吸点儿新鲜空气吧。

B: 小王家在郊区,我们去拜访拜访怎么样?

A: 今天是星期天,他会在家吧?

B: 我想他应该在家,不过还是先打个电话好。

A: 好,我来打。

A、B: 小王,我们来看你了。

C: 快请屋里坐。我来介绍一下儿,这是我母亲。

A、B: 伯母您好,打扰您了!

D: 哪儿的话,小王常常谈起你们,我早想请你们

来呢。

B: 伯父呢?

C：他去地里干活儿了。我妹妹今天也休息，跟我父亲一块儿下地了。

A：伯母，您日子过得不错吧？

D：是啊，每个月有小王和他妹妹的工资，又有我和老伴儿种的菜、养的鸡，生活挺好。现在不缺吃，不缺穿，就缺——

C：妈，您又说什么呀！

D：我就等着儿子早点儿找到对象了。

B：小王条件很好，没问题。

A：那我们帮小王找个好姑娘吧。

C：你们别开玩笑了。我先带你们到外边去看看吧！

A、B：好。伯母，一会儿见！

D：早点儿回来吃饭！

A、B：好。

生词 New Words

❶	呼吸	(动)	hūxī	to breathe
❷	拜访	(动)	bàifǎng	to visit
❸	伯母	(名)	bómǔ	aunt
❹	打扰	(动)	dǎrǎo	to interrupt
❺	伯父	(名)	bófù	uncle
❻	地	(名)	dì	farmland
❼	干	(动)	gàn	to work，to do
❽	活儿	(名)	huór	work
❾	工资	(名)	gōngzī	salary，wage
❿	老伴儿	(名)	lǎobànr	(of an old married couple) husband or wife
⑪	种	(动)	zhòng	to plant，to grow
⑫	养	(动)	yǎng	to raise
⑬	缺	(动)	quē	to lack
⑭	对象	(名)	duìxiàng	boyfriend or girlfriend
⑮	帮	(动)	bāng	to help
⑯	开	(动)	kāi	to make（fun of）
⑰	玩笑	(名)	wánxiào	joke，fun

注释　Notes

1　打扰您了

这是在向别人询问事情时表示歉意或被招待之后表示感谢的一句客气话。

It is a polite formula to excuse oneself when inquiring somebody something or to express gratitude after being entertained.

(1) 打扰您了，您一讲我明白多了。

(2) 打扰您了，给您添了不少麻烦。

(3) 打扰您一下儿，有件事儿想请教您。

2　哪儿的话

原意是指对方说得不恰当或不符合事实。当对方说了表示客气的话或受到对方称赞时，常用"哪儿的话"来回答，表示"不是这样的，你太客气了"的意思。同样的说法还有"哪里"。

Its original meaning is "what the speaker has said is a bit out of place or untrue". It is used when being praised or receiving a compliment. Its understatement is "not quite so" or "How nice of you to say so". "哪里" can also be used this way.

(1) A：我给您添了不少麻烦。

　　B：哪儿的话，你太客气了。

(2) A：你的汉语说得真好啊！

　　B：哪里，还差得远呢。

3 您日子过得不错吧

"日子"在这里是"生活"的意思。

"日子" in this text means "life".

(1) 我们的日子越来越好。

(2) 这些老人过上了幸福的日子。

"日子"还可指特定的一天。

"日子" also indicates a specific day.

(3) A：今天是什么日子，这么热闹？

　　B：是元宵节。

(4) 我们哪天出发？定个日子吧。

"日子"还可以指时间。

"日子" can also indicate "time".

(5) 日子过得真快，我们已经来了一个多月了。

(6) 在北京的日子令人难忘。

4 就缺——

"就"在这儿是"只""仅仅"的意思。

Here "就" means "only", "merely".

(1) 今天早上我就喝了一点儿牛奶，早饿了。

(2) 他们家就一个孩子。

练习　Exercises

1　回答问题。

Answer the following questions.

(1) A 和 B 为什么去郊区？

(2) 小王的家里都有什么人？

(3) A 和 B 到小王家时，谁在家？其他人呢？

(4) 小王家的生活怎么样？

2　用指定词语进行对话。

Make dialogues with the words given below.

(1) 郊区　空气　农民　地里　菜地　养　鸡　牛　羊　猪

(2) 城市　高楼　工厂　空气　交通　汽车　新鲜

3　根据课文内容完成短文。

Complete the passage according to the text.

　　A 和 B 希望去 (1)＿＿＿＿＿ 走走，呼吸那里的 (2)＿＿＿＿＿
空气。他们的 (3)＿＿＿＿＿ 小王正好住在 (4)＿＿＿＿＿，他们决
定去 (5)＿＿＿＿＿ 一下儿小王。

　　星期日，他们来到小王家时，小王和他的 (6)＿＿＿＿＿ 在
家，小王的父亲正在 (7)＿＿＿＿＿ 干活儿。小王的 (8)＿＿＿＿＿
今天 (9)＿＿＿＿＿，所以她跟 (10)＿＿＿＿＿ 一起 (11)＿＿＿＿＿
了。小王家生活 (12)＿＿＿＿＿。每月，除了小王和他妹妹的
(13)＿＿＿＿＿ 以外，还有他父母 (14)＿＿＿＿＿ 的菜和

(15)＿＿＿＿＿＿的鸡。只是小王的母亲还觉得(16)＿＿＿＿＿＿点儿什么，她希望小王早点儿(17)＿＿＿＿＿＿。

4 **从括号里选择词语填空（注意"V＋起"的用法）。**

Fill in the blanks with the appropriate words in the brackets (Pay attention to the usage of "V＋起").

(1) 我们在一起的时候，常常＿＿＿＿＿＿起小时候的事情。（问　谈）

(2) 我回到家后才＿＿＿＿＿＿起写好的信还没有寄。（说　想）

(3) 昨天收到妈妈的来信，在信里她＿＿＿＿＿＿起我在北京的生活情况。（问　谈）

(4) 那个小姑娘给他的印象太深了，他常常＿＿＿＿＿＿起她。（提　讲）

(5) 高兴的时候，他总是＿＿＿＿＿＿起小时候母亲教他的一首歌儿。（提　唱）

5 **说出下列各句中"就"的意思并模仿造句。**

Give the meanings of "就" In each the following sentences, and make sentences after them.

(1) 这孩子四岁就开始学钢琴。

(2) 你到北京以后就给我打电话。

(3) 他就这么一个儿子。

(4) 这就是我要借的那本书。

6 选择恰当的词语填空。

Fill in the blanks with the appropriate words from the list given below.

就	开	祝贺	日子	对不起
找	玩笑	耽误	打扰	哪儿的话

(1) 今天是你们的好_____，我们来_____你们了。

(2) A：_____您了，_____了您的工作，真_____。

B：_____，欢迎您常来。

(3) 这儿什么书都有，_____缺一本《汉法词典》。你知道哪儿有卖的吗？

(4) A：你有孩子吗？

B：别_____我的_____了，我连对象还没_____到呢。

7 根据指定内容进行对话。

Make dialogues based on the following statements and questions.

(1) 介绍一个朋友的家。

(2) 介绍一下儿你们国家农村的情况。

(3) 周末你准备去哪儿？想去郊区走走吗？

13 教育
Education

第三十二课　我只知道个大概

I only have a general idea about it

课文 Text

A：我想了解一下儿中国的教育情况，你能帮助我吗？

B：没问题，你随便问吧！

A：请你先说说普通教育。

B：这个问题很简单，跟别的国家差不多。学龄前儿童上幼儿园，六岁以后入小学、初中、高中，以后上大学。

A：都是义务教育吗？

B：不，现在只普及九年制义务教育：小学六年、初中三年。初中毕业后升普通高中或职业高中，高中毕业后通过考试上大学。考不上大学，可以复读，以后再考。

A: 能讲得具体点儿吗?

B: 我认识一个中国朋友,他们家的老大是个女孩儿,学习成绩优秀,高中毕业后考上了大学,读完大学又读研究生。老二是个男孩儿,初中毕业后考上了职业高中,现在在一家饭店工作,工作也很出色。

A: 中国的学校都是公立的吗?

B: 以前都是公立的,现在也有私人办学。私立的幼儿园、小学、中学、大学都有,不过不太多。

A: 听说学生上学不都是免费的,是吗?

B: 是的,现在除了九年义务教育免学费外,基本都要交学费。学校不同,专业不同,学费的多少也不一样。

A: 有些大学生家庭生活困难,交不起学费怎么办?

B: 可以减免学费或通过银行贷款交学费。另外,成绩优秀的学生还可以拿到奖学金。

A: 你知道的还真不少!

B: 说实在的,我只知道个大概。

生词 New Words

❶	教育	(名、动)	jiàoyù	education; to educate
❷	大概	(名)	dàgài	general idea
❸	随便	(形)	suíbiàn	free（to do something），random，informal
❹	普通	(形)	pǔtōng	common, ordinary
❺	学龄	(名)	xuélíng	school age
❻	入	(动)	rù	to enter，to come into
❼	初中	(名)	chūzhōng	junior middle school
❽	义务	(名)	yìwù	duty，obligation
❾	制	(名)	zhì	system
❿	升	(动)	shēng	to go up
⓫	复读	(动)	fùdú	to go back to senior high school for another year's study（after failing in the college entrance examination）
⓬	具体	(形)	jùtǐ	concrete
⓭	老（大）		lǎo(dà)	*used as a prefix before a person to indicate the older in siblings*
⓮	优秀	(形)	yōuxiù	excellent
⓯	研究生	(名)	yánjiūshēng	graduate student
⓰	公立	(形)	gōnglì	public

⑰	私人	(名)	sīrén	private
⑱	办(学)	(动)	bàn(xué)	to run（a school）
⑲	私立	(形)	sīlì	private
⑳	基本	(副、形)	jīběn	basically；basic
㉑	专业	(名)	zhuānyè	major，specialty
㉒	交不起		jiāo bu qǐ	cannot afford
㉓	减	(动)	jiǎn	to derate，to deduct
㉔	贷款		dài kuǎn	to provide a loan
㉕	奖学金	(名)	jiǎngxuéjīn	scholarship

注释 Notes

1 你随便问吧

　　"随便"意思是怎么方便就怎么做，不加限制、约束，不多考虑。有时也可表示"按照你的意思做"。在句中可以充任各种成分，也可单独回答问题。

　　It means that something is done in the most convenient way, or with little consideration, or without any restriction. Sometimes it means to do what you like. It may function as various sentence elements or stand by itself in a reply.

(1) 没什么，我只是随便问问。

(2) 没什么好菜，您随便吃点儿。

(3) 你说话太随便了。

(4) A：明天的参观我可以不去吗？

B：随便。

2 **考不上大学**

动词"上"和助词"得"结合，充当可能补语，否定形式是"不上"。在这里的意思是有可能或没有可能达到一种比较高的程度或标准。

The verb "上", used together with the particle "得", can act as a complement of possibility. Its negative form is "不上". Here it means it is possible /not possible to reach a higher degree or standard.

(1) 他学习很努力，我想他考得上大学。

(2) 他很想当经理，我看他当不上。

(3) 看样子，今年住不上新房了。

3 **学费的多少也不一样**

"多少"是名词，在这儿指学费的数量，是由两个意义相反的单音节形容词组成的，这类结构的名词还有"长短"（指事物的长度）、"高矮"（指人个子的高度）、"大小"（指范围、容量、年龄等的差别）、"好坏"（指品质的优劣）等。

The word "多少" is a noun here. It is composed by "多" with its antonym "少", two monosyllabic adjectives, opposite in meaning. Here it refers to the amount of tuition. Similar compositions are "长短" (meaning the length of something), "高矮" (meaning the height of somebody), "大小" (meaning the difference in range, capacity or age), and "好坏" (meaning the quality of something) etc.

(1) 我们能吃多少就买多少。

(2) 买衣服的时候，要试一试大小。

(3) 我不太了解这种电脑的好坏。

L4 交不起学费怎么办

"动词＋得起"是动词带可能补语的一种，表示有能力做某事，其否定形式是"动词＋不起"，表示没有能力做某事。

"verb＋得起" is one of the usages of a verb with complement of possibility. It means having the ability to do something. Its negative form is "verb＋不起", meaning lack of the ability to do something.

(1) 他怎么会交不起电费呢？

(2) 这件衣服太贵了，我买不起。

(3) 这儿的条件不错，房租也比较便宜，我们都租得起。

L5 我只知道个大概

名词"大概"是指大致的内容或情况。前面常带上量词"个"或数量词"一个"，做"说""写""听""知道""明白"等动词的宾语。

The noun "大概" means a general idea or situation. It is often modified by "个" or "一个", and functions as the object of such verbs as "说", "写", "听", "知道" and "明白".

(1) 你先说一个大概，我听听。

(2) 他这么一说，我也明白了个大概。

练习 Exercises

1 回答问题。

Answer the following questions.

(1) 中国实行的义务教育分哪几个阶段？一共几年？

(2) 现在中国的普通教育哪些是免费的，哪些是要交费的？

(3) 如果家庭生活困难的大学生交不起学费怎么办？

(4) 说说那个中国朋友两个孩子的情况。

2 根据课文内容完成短文。

Complete the passage according to the text.

      王老师有两个孩子，(1)＿＿＿＿＿＿＿是女孩儿，学习(2)＿＿＿＿＿＿，成绩(3)＿＿＿＿＿，高中(4)＿＿＿＿＿以后(5)＿＿＿＿＿＿大学，现在是(6)＿＿＿＿＿＿＿。老二是男孩儿，学习(7)＿＿＿＿＿，初中毕业后上了(8)＿＿＿＿＿，现在在一家饭店工作。

3 用下面的词语造句。

Make sentences with the words given below.

(1) 随便

(2) 买得起 / 买不起

(3) 免费

(4) 怎么办

(5) 考不上

(6) 衣服的长短

(7) 大概 (名词)

4 用指定词语完成对话。

Complete the dialogues with the words in the brackets.

(1) A：现在我饿了，＿＿＿＿＿＿＿＿＿＿吗？（吃的）

B：＿＿＿＿＿＿＿＿＿＿＿？（吃）

A：＿＿＿＿＿＿＿＿＿＿＿。（随便）

B：那就吃面条儿吧。

(2) A：你看，这件衣服多漂亮，你＿＿＿＿＿＿＿＿？

B：＿＿＿＿＿＿＿＿＿＿。（买不起）

(3) A：高中毕业后，不能上大学怎么办？

B：＿＿＿＿＿＿＿＿＿＿。（考不上　复读）

(4) A：美术馆有个画展，你应该去看看。

B：＿＿＿＿＿＿＿＿＿＿。（免费）

5 选出正确的句子。

Choose the right sentences.

(1) A. 房子的大小正合适。

B. 房子的质量正合适。

C. 房子的长短正合适。

(2) A. 他考得上大学了。

B. 他考不上大学。

C. 他不考得上大学。

(3) A. 学校的情况他只介绍了个大概。

B. 今天的工作他只做了大概。

C. 这首歌儿他只唱了一个大概。

(4) A. 他买得起这本书。

B. 他买得不起这本书。

C. 他买得起买得不起这本书？

6 谈谈你们国家普通教育的情况。

Talk about the general education in your country.

第三十三课　一个老学生
An old student

课文 Text

A：昨天我看见一个七十来岁的老人正在念英文。

B：老年人还学外文，真不简单！

A：我很奇怪，就问他在哪儿工作。他说："我不工作了，现在我是学生。"

B：中国现在也办成人教育啊？

A：早就有了。这几年成人教育发展得很快。不但有电视大学（电大）、业余大学（业大），还有成人自学考试，考试合格的发大学毕业文凭。此外，还有老人大学。

B：中国人真好学！

A：中国有句俗话："活到老，学到老。"这种学习精神太可贵了。

B：老年人记性差，学起来真不容易。

A：中年人更辛苦。他们工作以后，觉得知识太少，需要继续学习。可是他们年龄已经大了，工作又多，家务又重，一边工作一边学习，那才真不容易呢！

B：社会和单位应该给他们一些帮助才好。

A：给的。社会和单位都给他们一些方便，如提供学习条件、学习机会什么的。

B：他们毕业以后都可以拿到文凭吗？

A：可以。每年都有很多人毕业，成为本单位的工作骨干。

B：看来，学习上的刻苦精神，我们比他们差。

A：是的。我们努力吧！

生词 New Words

❶	成人教育		chéngrén jiàoyù	adult education
❷	业余	(形)	yèyú	sparetime
❸	自学	(动)	zìxué	to study on one's own
❹	合格	(形)	hégé	qualified，up to standard
❺	发	(动)	fā	to give, to distribute
❻	文凭	(名)	wénpíng	diploma
❼	好	(动)	hào	to be fond of，to love
❽	俗话	(名)	súhuà	common saying, proverb
❾	活	(动)	huó	to live
❿	精神	(名)	jīngshén	spirit
⓫	可贵	(形)	kěguì	valuable
⓬	记性	(名)	jìxing	memory
⓭	中年	(名)	zhōngnián	middle age
⓮	知识	(名)	zhīshi	knowledge
⓯	需要	(动、名)	xūyào	to need；need
⓰	家务	(名)	jiāwù	housework
⓱	社会	(名)	shèhuì	society
⓲	骨干	(名)	gǔgàn	backbone，mainstay
⓳	刻苦	(形)	kèkǔ	hardworking

注释 Notes

1 真不简单

"简单"在这里表示经历或能力平凡、一般。"不简单"的意思是不平凡、不普通，含有赞扬、感叹的意味。

Here "简单" indicates an average ability or experience. It is often used with "不" with the implication that something uncommon is appreciated.

(1) 这个孩子能画出这么好的画儿，真不简单啊！

(2) 他会三种语言，真不简单！

(3) 他一直照顾有病的妹妹，多不简单啊！

2 学起来真不容易

"起来"是复合趋向补语。此处表示说话人着眼于事物的某一方面，对事物进行估量或评价。这是"起来"的一种引申用法。

"起来" acts as a compound complement of direction, indicating that a speaker wants to make a judgement or evaluation on something from a certain aspect. This is one of the extended usages of "起来".

(1) 这件事儿说起来容易，做起来难。

(2) 这种小吃看起来不怎么样，吃起来倒挺好吃。

3 那才真不容易呢

"才＋形容词＋呢"强调程度高，带有夸张的意味。

"才＋adjective＋呢" stresses a high degree, bearing a sense of exaggeration.

(1) 那场球才精彩呢。

(2) 他不知道才怪呢。

(3) 那时才不容易呢。

练习　Exercises

1 回答问题。

Answer the following questions.

(1) A 遇见一个什么样的人？

(2) 说说中国的成人教育情况。

(3) 中国人有句关于学习的俗话，怎么说？

(4) 为什么说中年人学习更辛苦？

(5) 社会给成年人一些什么方便？

2 完成句子。

Complete the following sentences.

(1) ＿＿＿＿＿＿＿＿＿＿＿＿＿＿＿＿＿＿＿＿＿，真不简单啊！

(2) ＿＿＿＿＿＿＿＿＿＿＿＿＿＿＿＿＿＿＿，那才真不容易呢！

(3) ＿＿＿＿＿＿＿＿＿＿＿＿＿＿＿＿＿＿＿＿＿，真了不起！

(4) 这件事儿说起来很简单，可＿＿＿＿＿＿＿＿＿＿＿＿＿＿＿。

(5) 他不但能开汽车，＿＿＿＿＿＿＿＿＿＿＿＿＿＿＿＿＿。

3 用下面的词语造句。

Make sentences with the words below.

(1) 简单

(2) 怪

(3) 发展

(4) 不但……而且……

(5) 一边……一边……

(6) 起来

(7) 才

(8) 不过

4 选择恰当的词语填空。

Fill in the blanks with the appropriate words from the list given below.

忙	位	重	方便	可贵	自学	社会
机会	文凭	好学	合格	帮助	辛苦	刻苦
业余	一边……一边……			活到老，学到老		

(1) 他用_____时间_____完了历史专业的各门课，
   这次考试_____，拿到了_____。

(2) 中年人_____工作_____学习，工作_____、
   家务_____，够_____的。

(3) 这_____老年人非常_____，六十多岁了，还
   _____学习。这种_____的精神，真_____。

(4) 残疾人也都有学习、工作的 _____，_____

也给他们一些 _____ 和 _____。

5 根据指定内容进行对话。

Make dialogues based on the following statements.

(1) 介绍一下儿中国的成人教育。

(2) 说说你们国家的成人教育状况。

第三十四课 好像进了保险箱
It looks like they've got into a safe

课文 Text

A：你不是想研究中国教育吗？有关教育和就业的情况你了解吗？

B：我很关心这方面的情况，你给我说说。

A：你知道吗？为了孩子以后就业，很多家长早早儿为孩子安排，就连幼儿园和小学都想方设法上最好的。

B：那中学就更不用说了，初中是义务教育，高中可是要靠学生自己努力去考的。

A：所以重点高中是很多人的选择。许多家长都这样想：孩子考上重点高中就离名牌大学不远了，好像进了保险箱，以后就业就有了保障，这是多么理想的结果呀！

B: 其实，现在中国的大学毕业生就业也不是很容易，很多行业缺少技术人才，大学生却没有受过这方面的教育。

A: 职业高中的学生就业情况好一些。有一个职业高中金融专业的学生还没毕业，就已经在有关单位实习半年了；烹饪专业的毕业生则已经被三星级以上饭店订光了。

B: 现在上职业高中也有很多继续学习的机会，学生可以一边工作，一边学习对他们有用的技能。有的职业高中还和国外的学校联合办学，学生可以到国外上大学。

A: 很多国家的高中前一阶段进行普通教育，后一阶段由学生自己选择发展方向。

B: 这很好。我认为，家长可以帮助孩子选择专业和学校，但不应让孩子全听父母的。

A: 是的，要看孩子适合接受什么教育，适合的才是最好的。

生词　New Words

❶	研究	(动)	yánjiū	to research，to study
❷	有关	(动)	yǒuguān	to have something to do with，to relate to
❸	就业		jiù yè	to obtain employment，to take up a job
❹	安排	(动)	ānpái	to arrange，to plan
❺	想方设法		xiǎng fāng shè fǎ	to try every means，to do everything possible
❻	靠	(动)	kào	depend on
❼	重点	(名)	zhòngdiǎn	key
❽	选择	(动)	xuǎnzé	to choose，to select
❾	保险箱	(名)	bǎoxiǎnxiāng	coffer，safe
❿	保障	(名、动)	bǎozhàng	garantee；to ensure
⓫	结果	(名)	jiéguǒ	result，outcome
⓬	行业	(名)	hángyè	trade，vocation
⓭	缺少	(动)	quēshǎo	to run short of，to lack
⓮	技术	(名)	jìshù	technology
⓯	人才	(名)	réncái	person with ability
⓰	金融	(名)	jīnróng	finance
⓱	实习	(动)	shíxí	to practise，to intern
⓲	烹饪	(动)	pēngrèn	to cook

⑲	级	（量、名）	jí	class，grade
⑳	技能	（名）	jìnéng	skill，craftsmanship
㉑	联合	（动）	liánhé	to unite，to combine
㉒	阶段	（名）	jiēduàn	stage，phase，period
㉓	帮助	（动）	bāngzhù	to help，to assist
㉔	适合	（动）	shìhé	to fit，to suit

注释　Notes

1　你不是想研究中国教育吗

　　"不是……吗"是一种表示反问语气的句式。它并不表示疑问，而是强调肯定的看法或事实。

　　"不是……吗" is a rhetorical question that needs no answer. It emphasizes an affirmative view or a fact.

(1) 这不是你的书吗？

(2) 你不是去过上海了吗？怎么还去上海旅游？

(3) 你不是看过这个电影了吗？能给我们介绍一下儿吗？

2　有关教育和就业的情况你了解吗

　　动词"有关"表示跟某人或某事有关系，也可表示涉及某人或某事。

　　The verb "有关" means to have something to do with. It can relate to people or things.

(1) 我想了解一下儿有关考研究生的事儿。

(2) 有关出国留学的手续（shǒuxù formalities）正在办理。

"跟……有关"是个常用结构，表示否定的形式是"跟……无关"。
"跟……有关" is a commonly-used structure and its negative form is
"跟……无关".

(3) 今天的会跟考试有关，请你一定要参加。

(4) 他做的事儿跟我无关。

3 高中可是要靠学生自已努力去考的

"靠"是依靠的意思。
"靠" means to depend on or rely on.

(1) 这事儿全靠你了。

(2) 中午就靠在沙发上休息一会儿。

(3) 学习主要靠自已努力。

(4) 靠父母的支持，他才读完了大学。

4 学习对他们有用的技能

"对……有用"是"对……有好处"的意思。
"对……有用" means to be good or useful for.

(1) 他要做一个对国家有用的人。

(2) 这些课文对我们很有用。

(3) 这本书对我没用，可是对你很有用，给你吧。

练习　Exercises

1 回答问题。

Answer the following questions.

(1) 为什么家长要想方设法让孩子上最好的幼儿园和小学？

(2) 高中是义务教育吗？

(3) 为什么说重点高中是很多人的选择？

(4) 为什么现在中国的大学生毕业后找工作也很不容易？

(5) 上职业高中的学生有继续学习的机会吗？

(6) 家长应该怎样帮助孩子选择专业和学校？

2 模仿例句改写句子。

Rewrite the following sentences after the examples.

例：朋友帮助他找到了工作。

　　→ 他靠朋友的帮助找到了工作。

(1) 他自己打工才读完了大学。

(2) 他查词典写了一篇两千字的文章。

例：他写了一篇关于大学生毕业后就业问题的文章。

　　→ 他写了一篇跟大学生毕业后就业有关的文章。

(3) 关于展览的事儿都已经商量好了。

(4) 关于金融专业的情况，请你去问张老师。

3 用下面的词语造句。

Make sentences with the words given below.

(1) 不是……吗

(2) 靠

(3) 有关

(4) 好像

(5) 安排

(6) 缺少

(7) 对……有用

4 为括号中的词语选择适当的位置。
Put the words in the brackets in proper places in the following sentences.

(1) ①很多家长早早儿地②自己的孩子选择③最好的幼儿园和小学。（为）

(2) 许多学生①都②自己的努力③考上了高中和大学。（靠）

(3) ①有的家长认为孩子②上了重点高中，③好像进了保险箱。（就）

(4) 很多国家的高中①在前一阶段②对学生进行普通教育，在后一阶段③学生选择发展方向。（由）

5 选择恰当的词语填空。
Fill in the blanks with the appropriate words from the list given below.

保障　选择　努力　离　义务教育　好像

　　在中国，高中不是(1)＿＿＿＿＿＿，上高中靠自己的(2)＿＿＿＿＿＿去考。有很多家长要孩子(3)＿＿＿＿＿考重点高中，他们这样想：孩子考上重点高中就(4)＿＿＿＿＿上名牌大学不远了，(5)＿＿＿＿＿进了保险箱，以后就业就有了(6)＿＿＿＿＿。

6 **从括号里选择词语填空。**

Fill in the blanks with the words given in the brackets.

(1) 中国的高中不是义务教育，要_____学生自己努力去考。
(向 靠 跟)

(2) 能考上重点高中就_____名牌大学不远了。(离 往 向)

(3) 现在中国的大学毕业生就业_____不是很容易的。(连 和 也)

(4) 很多国家高中的后一阶段_____学生自己选择发展方向。(被 由 向)

(5) 家长可以帮助孩子选择专业和学校，但不应_____孩子全听父母的。(让 被 由)

7 **说说家长应该怎样帮助孩子选择专业和学校。**

Talk on how parents should help their children choose their specialty and schools.

14 风味
Local food

第三十五课　都一处
Duyichu Restaurant

课文 Text

A：今天我和麦克去方庄，那儿有一个饭馆儿叫"都一处"，我们在那儿吃的烧麦。

B："都一处"以前在前门，那儿的烧麦很有名。你知道它为什么叫"都一处"吗？

A：不知道。这么说，还有一个故事了？

B："都一处"最早是一个小酒馆儿，叫"李家酒馆儿"。

A：那时候还不卖烧麦，是吧？

B：不卖。按照旧习惯，年三十晚上，饭馆儿、商店都关门休息。可是这个小酒馆儿从不休息。

A：听说年三十晚上是家人团聚的日子，全家人一起吃年夜饭。谁还会去酒馆儿喝酒呢？

114

B：还是有人去喝酒的，但都是一些欠债的人，那些人到了年底都得还债。他们为了躲债，不敢回家，就来这儿了。

A：这些人都没钱，小酒店又能赚多少钱呢？

B：开始是这样，不过后来可赚大钱了。

A：怎么回事儿呢？

B：传说，有一年年三十晚上，店里来了三位客人。其中一个说："年三十不关门的，大概在京都就你们这一处了，以后就叫'都一处'吧。"

A：原来"都一处"是这个意思。那个起名字的人准是个大人物。

B：你猜对了，他就是清朝的乾隆皇帝。后来他亲笔写了"都一处"三个大字，让人送去。从此，这个小酒馆儿的名气就大了，去吃饭的人也就多了。

A：啊，可惜我没有仔细看看那三个字。

B：下次去一定要好好儿看看。

风味
Local food

生词　New Words

❶	饭馆儿	(名)	fànguǎnr	restaurant
❷	烧麦	(名)	shāomài	steamed dumplings
❸	酒馆儿	(名)	jiǔguǎnr	pub；tavern
❹	按照	(介)	ànzhào	according to，in accordance with
❺	旧	(形)	jiù	old
❻	年三十	(名)	niánsānshí	the last day of the lunar year
❼	关门		guān mén	to close（a door）
❽	团聚	(动)	tuánjù	to get together，to reunite
❾	欠	(动)	qiàn	to owe
❿	债	(名)	zhài	debt
⓫	年底	(名)	niándǐ	the end of a year
⓬	还	(动)	huán	to return
⓭	敢	(能动)	gǎn	dare
⓮	其中	(名)	qízhōng	among，in
⓯	京都	(名)	jīngdū	capital city
⓰	处	(名)	chù	place
⓱	准	(副)	zhǔn	definitely
⓲	大人物	(名)	dàrénwù	big shot
⓳	名气	(名)	míngqi	reputation，fame
⓴	可惜	(形)	kěxī	it's a pity

专名　Proper Nouns

都一处	Dūyíchù	Duyichu Restaurant
麦克	Màikè	Mike
方庄	Fāngzhuāng	Fangzhuang（a name of a place）
清朝	Qīng Cháo	the Qing Dynasty
乾隆	Qiánlóng	reign title of a Qing emperor

注释　Notes

1　这么说，还有一个故事了

"还"在这里表示超出意料的语气。

Here "还" indicates unexpectedness.

(1) 虽然他家离学校不远，我还真找了半天呢。

(2) 没想到，他还病得不轻呢。

(3) 想不到，他还有这两下子。

2　按照旧习惯

"按照"是介词，意思是依照、遵从某种标准行事。"按照"的宾语一般不用单音节词。

Here "按照" is a preposition, meaning "according to" or "to follow a certain standard". Its object is often a multi-syllabic word.

(1) 按照老师的要求，他把课文又念了几遍。

(2) 请按照这件衣服的样子给我做。

(3) 按照旧习惯，除夕晚上全家人在一起吃团圆饭。

3 其中一个说

"其中"意思是"那里面",指处所、范围。一般前面有小句,"其中"即指前面小句中提到的全部中的一部分。"其中"不能直接加在名词后使用。

"其中" means "among" (places) . Generally, there is a clause before "其中". It refers to one case among the whole mentioned in the preceding clause. It cannot be placed immediately after a noun.

(1) 那条街有三个饭馆儿,其中有一个西餐馆。

(2) 中国的传统节日很多,其中最大的节日是春节。

(3) 这是五百块钱,其中一百块钱是用来买书的。

练习 Exercises

1 回答问题。

Answer the following questions.

(1) "都一处"是个什么地方?那里的什么东西很有名?

(2) "都一处"原来叫什么名字?为什么后来叫"都一处"了?

(3) 为什么年三十晚上还有人到这家小酒馆儿来喝酒?

(4) 为什么小酒馆儿后来赚了大钱?

2 用指定词语讲一讲"都一处"的故事。

Tell the story about "都一处" with the words given below.

以前　酒馆儿　年三十晚上　关门　欠债

不敢　躲　赚　传说　起名字　越来越……

3 从括号里选择词语填空。

Fill in the blanks with the appropriate words in the brackets.

(1) 这些人年三十晚上＿＿＿＿回家，＿＿＿＿有人来要债。(躲 怕 不敢)

(2) 这些＿＿＿＿的人家里很穷，为了生活，他们只好去向别人＿＿＿＿。(借钱 赚钱 欠债)

(3) ＿＿＿＿这个酒馆儿不叫"都一处"，也不卖烧麦，＿＿＿＿这个地方只是一个普通的酒馆儿。(以前 以后 那时候)

(4) 欠债的人在年三十晚上不敢回家，他们都＿＿＿＿在外面。(跑 躲)

(5) 这个小酒馆儿后来＿＿＿＿了大钱。(欠 赚)

(6) "都一处"是乾隆皇帝＿＿＿＿起的名字，又＿＿＿＿写了这三个字。(亲笔 亲自 亲眼)

4 用下面的词语造句。

Make sentences with the words given below.

(1) 从不
(2) 其中
(3) 旧
(4) 可惜
(5) 准

5 **根据指定内容进行对话。**

Make dialogues based on the following statements and questions.

(1) 你去过北京哪些饭馆儿？请介绍一下儿这些饭馆儿的
特点。

(2) 你最喜欢北京的哪家饭馆儿？为什么？

(3) 请你讲一个你们国家的有名的饭馆儿或小吃店的故事。

第三十六课　有名的小吃
Well-known snacks

课文 Text

A：假期你回家了吗？

B：没有，我去上海了。我叔叔家在上海。

A：那儿的生活，你习惯吗？

B：还可以。就是吃饭有点儿问题。

A：南方菜和北方菜有什么不同？

B：南方菜偏甜，北方菜偏咸。

A：你吃得惯吗？

B：吃得惯，我挺喜欢吃上海菜的。

A：那还有什么问题吗？

B：北方人喜欢吃面食，比如饺子、包子、面条儿、馒头；南方人喜欢吃米饭。

A：那你这个北方人在上海可受委屈了。

B：可不是，住了一个月也没吃过一顿饺子。

A：南方人不吃饺子吗？

B：很多人不会包饺子。

A：上海有个地方，小吃特别多，你去了吗？

B：你是说城隍庙？我去过好几次呢。

A：那儿的小笼包子你尝了吗？

B：吃过，那儿的小笼包子很有名，味道真不错。

A：还吃过什么有名的小吃？

B：汤圆也不错，跟北方的元宵差不多。不过，我最爱吃的是八宝饭，又好看，又好吃。

A：以前只听说四川的小吃很有名，没想到上海也有这么多有名的小吃。一次还吃不过来呢。

B：城隍庙里还有一个叫"豫园"的地方，古色古香的，那儿有很多风味小吃。

A：是吗？以后去上海，一定去逛逛城隍庙，也尝尝那儿的风味小吃。

生词 New Words

❶	叔叔	(名)	shūshu	uncle
❷	习惯	(动、名)	xíguàn	to be accustomed to；habit
❸	南方	(名)	nánfāng	south
❹	北方	(名)	běifāng	north
❺	偏	(动、形)	piān	to incline；inclining to
❻	咸	(形)	xián	salty
❼	惯	(动)	guàn	to get used to
❽	面食	(名)	miànshí	food made from wheat flour
❾	饺子	(名)	jiǎozi	Chinese dumpling（with meat and vegetable stuffing）
❿	包子	(名)	bāozi	steamed stuffed bun
⓫	面条儿	(名)	miàntiáor	noodles
⓬	馒头	(名)	mántou	steamed bread
⓭	受	(动)	shòu	to suffer, to endure
⓮	委屈	(动、形)	wěiqu	to feel wronged, to feel treated wrongly；wronged
⓯	包	(动)	bāo	to make, to wrap
⓰	笼	(名)	lóng	steamer, container
⓱	汤圆	(名)	tāngyuán	sweet dumpling（made from glutinous rice flour with sweet stuffing）
⓲	八宝饭	(名)	bābǎofàn	eight-treasure rice pudding（steamed glutinous rice with bean paste，lotus seeds，preserved fruit，etc.）

⑲　古色古香　　　　gǔ sè gǔ xiāng　　　antique, quaint

专名　Proper Nouns

城隍庙	Chénghuáng Miào	City God's Temple
四川	Sìchuān	Sichuan Province
豫园	Yù Yuán	Yu Garden

注释　Notes

L1　还可以

"还"在这里是勉强过得去的意思。多修饰褒义形容词，有时候在形容词前用动词"算"，有减轻程度、缩小范围的意思。

Here "还" means not too bad or to make do. It often modifies a commendatory adjective. Sometimes the verb "算" is used before the adjective to lessen the degree or narrow the range.

(1)　A：你最近身体怎么样？

　　　B：还可以。

(2)　这里交通还比较方便。

(3)　那地方还算安静。

L2　你吃得惯吗

动词"惯"常用在别的动词后做补语，意思是由于常常或长期做某事而渐渐习惯了。

The verb "惯" is often used after a verb as a complement, in a sense of being used to doing something.

(1) 我吃得惯中国菜，可是用不惯筷子。

(2) 刚来北京时我觉得天气太干燥，不舒服。现在住惯了，也不觉得什么了。

(3) 大家叫他的小名叫惯了。

3 那你这个北方人在上海可受委屈了

"受"在这儿是"遭受"的意思。"受委屈"表示遭受到不应有的指责或不好的待遇。

Here "受" means "to suffer". "受委屈" indicates to be treated wrongly.

(1) 你先受一点儿委屈，请在外边等一等。

(2) 他从来没有让谁受过委屈。

(3) 这件事情让他受了教育。

练习 Exercises

1 回答问题。

Answer the following questions.

(1) 中国北方菜和南方菜有什么不同？

(2) 请介绍一下儿中国南方和北方的吃饭习惯。

(3) 上海哪儿的小吃特别多？都有些什么小吃？

(4) 城隍庙里有一个什么样的小公园？

2 根据课文内容完成短文。

Complete the passage according to the text.

(1) _____ 和(2) _____ 的吃饭习惯有很大的

(3) _____。北方人喜欢吃(4) _____ 点儿的菜，

可南方人喜欢吃(5) _____ 点儿的菜。北方人喜欢吃

(6) _____，比如(7) _____、(8) _____、(9) _____、

(10) _____ 等，而南方人主要吃(11) _____。所以，北

方人到南方去，吃饭要(12) _____ 一点儿(13) _____，

因为那里面食少，特别是很少吃(14) _____。南方人到

北方来也要(15) _____ 一点儿(16) _____，因为不

能总吃(17) _____。

3 用指定词语进行会话，介绍上海的城隍庙。

Talk about the City God's Temple in Shanghai with the words given below.

小吃   小笼包子   汤圆   八宝饭
豫园   古色古香   风味

4 用"动词＋得＋过来"或"动词＋不＋过来"填空。

Fill in the blanks with "verb ＋ 得 ＋ 过来" or "verb ＋ 不 ＋ 过来" (choose the appropriate verbs given below).

尝　看　吃　玩儿　逛

(1) 这么多书，一个星期的时间你 _____ 吗?

(2) 王府井的商店太多，逛一天都 _____。

(3) 北京的风味小吃也挺多，一两天是 _____ 的。

(4) 四川好玩儿的地方可多了，玩儿一个星期也 _____ 。

(5) 你做了这么多好吃的，我尝都 _____ 。

5 选择恰当的词语填空。

Fill in the blanks with the appropriate words from the list given below.

> 包　甜　习惯　受委屈　但是
> 糖　惯　虽然　吃不惯

(1) 我不喜欢吃太 _____ 的，咖啡里少放些 _____ 。

(2) _____ 我才来两个月，_____ 已经 _____ 这里的生活了。

(3) 这儿的生活我过不 _____ ，我想回南方去。

(4) 我是南方人，_____ 面食。

(5) 这儿的条件不好，让你 _____ 了。

(6) 请把这些糖用纸 _____ 起来。

6 根据指定内容进行对话。

Make dialogues based on the following statements.

(1) 请介绍一下儿你喜欢的小吃。

(2) 谈谈你们国家吃饭的习惯。

第三十七课 饺子
Chinese dumplings

课文 Text

A：中国北方人爱吃饺子，特别是过春节的时候，家家吃饺子。我也很爱吃，就是不知道它的来历。

B：关于饺子的传说很多，我听说过一些。

A：快讲给我听听。

B：饺子看上去像什么？像不像人的——

A：耳朵。

B：对了。传说，有的地方冬天特别冷，能冻掉耳朵。

A：北方冷，当然都怕冻掉耳朵。

B：后来人们想了个办法，就是包饺子吃。饺子像耳朵，吃了饺子耳朵就不会冻掉了，所以大家都爱吃饺子。

A：真有意思！这是人们想出来的吧？我想许多人爱吃饺子，还是因为饺子好吃。

B：我还听过一个笑话，也跟饺子有点儿关系。你吃过元宵吗？

A：吃过。元宵节的时候，家家都吃元宵。

B：传说，以前有个人没吃过元宵。有一天，他去饭馆儿吃元宵。刚煮好的元宵，里边很烫，他一放到嘴里就咬。

A：那还受得了？烫坏了吧？

B：可不！他说以后再也不吃元宵了。

A：我第一次吃元宵的时候也被烫了一下儿。

B：后来，那个人走到街上，看见一个卖饺子的。他没见过饺子，以为是元宵长了耳朵，就说："哼，你即使长了耳朵，我也不吃你了！"

A：我可是长耳朵、不长耳朵的都吃。你知道饺子有什么讲究吗？

B：饺子要皮儿薄、馅儿香，还不能破，一破就不好吃了。

A：你会包吗？

B：包得不太好。

A：我想学包饺子，你教教我吧。

B：好，星期日我教你包饺子。

生词 New Words

❶	来历	(名)	láilì	origin，background
❷	耳朵	(名)	ěrduo	ear
❸	掉	(动)	diào	to fall，to drop
❹	笑话	(名、动)	xiàohua	joke；to make a joke
❺	煮	(动)	zhǔ	to boil
❻	烫	(形、动)	tàng	very hot；to burn
❼	嘴	(名)	zuǐ	mouth
❽	咬	(动)	yǎo	to bite
❾	后来	(名)	hòulái	later，afterwards
❿	哼	(叹)	hng	*an interjection showing dissatisfaction or disbelief*
⓫	即使	(连)	jíshǐ	even，even if
⓬	皮儿	(名)	pír	cover，wrapper
⓭	薄	(形)	báo	thin
⓮	馅儿	(名)	xiànr	filling，stuffing
⓯	破	(动、形)	pò	to break；broken

注释 Notes

1 他一放到嘴里就咬

"一……就……"格式表示前后两个动作或情况在时间上接得很紧。

The structure "一……就……" indicates that after the first action takes place，the second will follow immediately.

(1) 他一吃完饭就出去了。

(2) 我一到北京就给她打了个电话。

(3) 李老师讲课，我们一听就懂。

　　"一……就……"格式的另外一种用法是前一分句表示条件，后一分句表示结果。

The other usage of the structure "一……就……" is that the former clause indicates the condition, the latter indicates the result.

(4) 这东西时间一长就容易坏。

(5) 饺子一煮破，就不好吃了。

2　他说以后再也不吃元宵了

　　"再"和否定副词一起用，表示动作不重复或不继续下去。"再＋也＋不（没）"语气更强，有"一次也不（没）"的意思。

When used with a negative adverb, "再" indicates that the action will not be repeated or continued. The structure "再＋也＋不（没）" has a stronger tone, meaning not anymore.

(1) 田中先生十年前来过中国，以后再也没来过。

(2) 那个公园没意思，我再也不去了。

(3) 那次生病以后，王老师说："以后我再也不抽烟了。"

3　后来

　　"后来"，指在过去某一时间之后的时间。

"后来" means afterwards.

(1) 开始的时候我学英语，后来学汉语了。

(2) 他以前在商店工作，后来到工厂去工作了。

　　"后来"跟"以后"的区别是："以后"可以用于过去，也可用于将来；"后来"只能用于过去。

The difference between "后来" and "以后" is that "以后" can be used either for an action in the past or in the future, but "后来" can only be used for an action in the past time.

(3) 你以后常来我家玩儿吧！

(4) 以后有机会，我想去上海旅行。

　　"以后"前边可以有前置成分，"后来"不能。

"以后" can have prepositive element in front of it , but "后来" cannot.

(5) 晚饭以后我们常常去散步。

(6) 他出国以后常打电话来。

4　你即使长了耳朵，我也不吃你了

　　"即使"表示假设兼让步，意思是另一分句的本义不受这一分句的影响。常与"也""还"呼应。"即使……也……"与口语中"就是……也……"用法一样。

"即使" suggests supposition and concession. It means that the result of the second clause cannot be affected by the clause with "即使". "即使" is often used with "也" or "还". The structure "即使……也……" is the same as the structure "就是……也……" in spoken Chinese.

(1) 今天是星期天，即使你们不来，我也准备包饺子。

(2) 我只是有点儿不舒服，即使不吃药也能好。

(3) 你的想法，即使不说我也知道。

练习　Exercises

1 回答问题。

Answer the following questions.

(1) 你喜欢吃饺子吗？你会包饺子吗？

(2) 饺子看上去像什么？关于饺子有什么传说？

(3) 说一说吃元宵的笑话。

2 根据课文内容完成短文。

Complete the passage according to the text.

正月十五是元宵节，这一天全家人坐在一起吃(1)_____，表示在新的一年里全家团圆、幸福美满。

(2)_____皮儿是用一种米面做的，里边有各种各样的馅儿。一般的元宵是在水里(3)_____熟的。(4)_____煮好的(5)_____不能(6)_____吃，因为里边的(7)_____太(8)_____，(9)_____放在嘴里会(10)_____坏人的。

3 用指定词语讲讲吃元宵的笑话。

Tell a funny story about eating sweet dumplings with the words given below.

元宵节　家家　传说　饭馆儿　刚　煮
烫　咬　后来　卖饺子　长　耳朵

4 从括号里选择词语填空。

Fill in the blanks with the appropriate words in the brackets.

(1) 听说，特别＿＿＿＿＿的地方能＿＿＿＿＿掉耳朵。(冷　冻)

(2) 大夫，我不舒服，全身发＿＿＿＿＿。(冷　冻)

(3) 饭还是＿＿＿＿＿的，快吃吧。(热　烫)

(4) 你＿＿＿＿＿给他来电话的时候，他＿＿＿＿＿出去。
(刚才　刚)

(5) ＿＿＿＿＿他还在这儿，也许＿＿＿＿＿走。(刚才　刚)

(6) 毕业＿＿＿＿＿，我再也没见到他。(后来　以后)

5 选择恰当的词语填空。

Fill in the blanks with the appropriate words from the list given below.

> 受得了　　以为　　关于　　受不了　　来历　　后来

(1) 你知道"都一处"这个名字的＿＿＿＿＿吗？

(2) 那地方我去过，夏天热得让人＿＿＿＿＿。

(3) 三年前我见过他，＿＿＿＿＿听说他出国了。

(4) 你这个南方人总吃面食＿＿＿＿＿吗？

(5) 我一直＿＿＿＿＿你是个教师，原来你是医生。

(6) ＿＿＿＿＿这件事儿我一点儿也不知道。

6 根据指定内容进行对话。

Make dialogues based on the following statements.

(1) 介绍一下儿中国的饺子。

(2) 介绍一下儿在你们国家最受欢迎的一种食品。

第三十八课 栗子面小窝头
Small buns made of chestnut flour

课文 Text

A：请你再给我介绍介绍北方菜的特点，特别是北京风味的。

B：听说过"南甜、北咸、东辣、西酸"吗？北方风味的菜偏咸。

A：我就喜欢吃咸的。

B：其实也不是特别咸，比如北京烤鸭，又香又嫩，别提多好吃了。

A：涮羊肉呢？

B：涮羊肉也不错，那调料就有六七种呢。

A：北京也有有名的小吃吗？

B：有。不但有，而且还有故事呢。

A：讲给我听听。

B：比如，有一种小窝头，是慈禧太后喜欢吃的。

A：听说窝头是用玉米面做的，是穷人吃的东西，慈禧太后怎么会喜欢呢？

B：传说，八国联军进北京的时候，慈禧向西逃跑。路上饿了，在穷人家里吃饭，吃的就是窝头。

A：饿的时候吃什么都香。

B：是啊，所以她回到北京以后，就让人给她做窝头吃。

A：这回再吃可就不香了。

B：是呀，要是做原来那样的窝头，准保她会大发脾气的。

A：那，做饭的人该倒霉了。

B：做饭的人很聪明，改用栗子面做窝头，而且做得很小。小小的、甜甜的，又好吃，又好看。

A：慈禧太后满意吗？

B：那还用说？后来这种小窝头传到民间，就成了北京的风味小吃。

A：我真想尝尝这小窝头。知道哪儿有卖的吗？

B：北海公园就有，星期天我陪你去。

生词 New Words

❶	栗子面	(名)	lìzimiàn	chestnut flour
❷	窝头	(名)	wōtóu	steamed corn bread
❸	辣	(形)	là	hot，peppery
❹	酸	(形)	suān	sour
❺	其实	(副)	qíshí	in fact，actually
❻	烤鸭	(名)	kǎoyā	roast duck
❼	嫩	(形)	nèn	tender
❽	别提	(动)	biétí	indescribably，can hardly imagine
❾	涮羊肉		shuàn yángròu	instant-boiled mutton, dip-boiled mutton
❿	调料	(名)	tiáoliào	condiment，flavoring
⓫	太后	(名)	tàihòu	mother of an emperor，queen mother
⓬	玉米面	(名)	yùmǐmiàn	corn flour
⓭	穷人	(名)	qióngrén	poor people
⓮	逃跑	(动)	táopǎo	to run away，to escape
⓯	饿	(动、形)	è	starve；hungry
⓰	准保	(副)	zhǔnbǎo	certainly，for sure
⓱	发	(动)	fā	to show one's feeling，to get（angry），to lose one's（temper）
⓲	脾气	(名)	píqi	temper

⑲	倒霉	(形)	dǎoméi	unfortunate
⑳	改	(动)	gǎi	to change
㉑	满意	(动)	mǎnyì	to satisfy
㉒	传	(动)	chuán	to pass, to spread
㉓	民间	(名)	mínjiān	among the people, in common people

专名 Proper Nouns

| 慈禧 | Cíxǐ | Empress Dowager Cixi |
| 八国联军 | Bā Guó Liánjūn | the Eight Power Allied Forces |

注释 Notes

1 其实也不是特别咸

　　"其实"后边所表示的是说话人认为实际的情况。常用来承接上文，此时有转折的意思。

　　"其实" is followed by what the speaker thinks is true. It links to the foregoing sentences, and serves as a transition.

(1) 今天的风很大，其实一点儿也不冷。

(2) 他看起来很年轻，其实已经五十多岁了。

(3) 其实不用给他打电话，一会儿他就会来的。

2 慈禧太后怎么会喜欢呢

　　"怎么会……呢"是个反问句，表示不相信。"会"在这里是揣测、估计的意思。"会"一般可以用"能"代替。

"怎么会……呢" is a rhetorical question to express one's doubt. "会" here means "to guess" or "to estimate". Generally, "会" can be replaced by "能".

(1) 已经这么晚了，他怎么会来呢？

(2) 我怎么能相信你呢？

(3) 她怎么会和他结婚呢？

3 做饭的人该倒霉了

"该"在这儿表示估计、推测。

Here "该" express an estimation or a prediction.

(1) 我要是再不走，就该迟到了。

(2) 八点了，他们该来了。

"该"最常见的意思是"应该"。

The most often used meaning of "该" is "should".

(3) 十二点了，该睡了。

(4) 快考试了，我们该好好儿复习了。

练习 Exercises

1 回答问题。

Answer the following questions.

(1) 中国菜的风味南、北、东、西有什么不同？

(2) 你能说出一两种北京风味的菜吗？

(3) 慈禧太后什么时候吃过窝头？

(4) 说说栗子面小窝头的来历。

(5) 栗子面小窝头有什么特点？

2 根据课文内容完成短文。

Complete the passage according to the text.

　　北京有一种风味小吃叫(1)＿＿＿＿＿＿＿，是慈禧太后喜欢吃的。其实慈禧太后最早吃的(2)＿＿＿＿＿不是(3)＿＿＿＿＿栗子面(4)＿＿＿＿＿的，而是(5)＿＿＿＿＿玉米面(6)＿＿＿＿＿的。那时，慈禧太后正在(7)＿＿＿＿＿的路上，觉得很(8)＿＿＿＿＿。她在一个(9)＿＿＿＿＿家里吃了玉米面窝头，觉得很(10)＿＿＿＿＿。回到北京，她又想吃这种(11)＿＿＿＿＿。她让人给她(12)＿＿＿＿＿，可是这回如果(13)＿＿＿＿＿吃玉米面窝头就不觉得(14)＿＿＿＿＿了。做饭的人很(15)＿＿＿＿＿，想出了一个办法，(16)＿＿＿＿＿用栗子面做窝头，而且做得(17)＿＿＿＿＿，(18)＿＿＿＿＿好看，(19)＿＿＿＿＿好吃。慈禧太后很满意。

3 选择恰当的词语填空。

Fill in the blanks with the appropriate words from the list given below.

> 改　　其实　　怎么　　发　　传　　倒霉　　感

(1) 这件事儿是怎么＿＿＿＿＿到你耳朵里的？

(2) 关于旅行的事儿，我们＿＿＿＿＿日再谈吧。

(3) 这件事儿她＿＿＿＿＿会知道？

(4) 你听，那个人又_____脾气了。

(5) 你对什么_____兴趣？

(6) 碰上这样的天气，真_____！

(7) 课文很长，好像很难，_____并不像想的那么难。

4 根据指定内容进行对话。

Make dialogues based on the following statements.

(1) 谈谈你知道的北京风味小吃或北京名菜。

(2) 谈谈慈禧太后两次吃窝头的故事。

(3) 介绍栗子面小窝头。

5 你能介绍一下儿你们国家的一种食品的来历吗？

Introduce the origin of a kind of food in your country.

15 参观
Visiting

第三十九课 参观中央民族大学
Visiting the Central University for Nationalities

课文 Text

A: 你去参观中央民族大学了吗?昨天我病了,没去,真遗憾!

B: 以后有机会你还是去看看,能了解不少中国少数民族的情况。

A: 中国有五十六个民族,光风俗习惯就够你了解一天的。

B: 民族大学就好像一个多民族的大家庭。参观民族大学能集中了解各民族的情况。那里不但有各民族的学生,而且老师也来自各个民族。给我们介绍情况的那位老师就是蒙古族的。

A: 是不是少数民族的学生只能上民族大学呢?

B: 不,他们和汉族学生是平等的,也能上别的大学。

A：民族大学的学生都学什么？

B：和普通大学差不多。那天我们看了艺术系学生的表演。学生们表演了许多精彩的节目，他们穿着民族服装跳的舞蹈可好看了！

A：各个民族的风俗习惯不一样，在一起生活会不会不方便呢？

B：学校考虑到了这一点，开办了清真食堂。每到一个民族的重大节日还举行庆祝活动。

A：那么多民族，那么多节日，那他们经常过节了？

B：可不是。比如到了彝族和白族的火把节，人们就举着火把唱歌、跳舞。到了傣族的泼水节，人们就互相泼水，表示祝福。

A：哦，那到他们的节日再去参观才有意思呢！

生词 New Words

❶	少数民族		shǎoshù mínzú	ethnic minority
❷	风俗	(名)	fēngsú	custom

③	集中	(动、形)	jízhōng	to concentrate，to gather；centralized
④	来自		lái zì	to come from
⑤	系	(名)	xì	department
⑥	精彩	(形)	jīngcǎi	wonderful，splendid
⑦	考虑	(动)	kǎolù	to consider
⑧	开办	(动)	kāibàn	to start，to set up
⑨	清真	(形)	qīngzhēn	Islamic
⑩	重大	(形)	zhòngdà	important
⑪	庆祝	(动)	qìngzhù	to celebrate
⑫	活动	(名、动)	huódòng	activity；to move about
⑬	举	(动)	jǔ	to hold up，to lift
⑭	火把	(名)	huǒbǎ	torch
⑮	互相	(副)	hùxiāng	each other
⑯	泼	(动)	pō	to spill，to sprinkle
⑰	祝福	(动)	zhùfú	to express good wishes，to bless

专名　Proper Nouns

中央民族大学	Zhōngyāng Mínzú Dàxué	Central University for Nationalities
蒙古族	Měnggǔzú	the Mongolian nationality
汉族	Hànzú	the Han nationality
彝族	Yízú	the Yi nationality
白族	Báizú	the Bai nationality

145

火把节	Huǒbǎ Jié	the Torch Festival
傣族	Dǎizú	the Dai nationality
泼水节	Pōshuǐ Jié	the Water-Sprinkling Festival

注释　Notes

1　光风俗习惯就够你了解一天的

"光"在这里是副词，是"只"的意思，用于口语。

Here "光" is an adverb meaning "only" used in spoken Chinese.

(1) 他光喝酒，不吃菜。

(2) 明天去机场接安娜的不光我一个人，还有小王。

2　而且老师也来自各个民族

"来自"是古汉语里保留下来的格式。"自"是文言虚词，相当于现代汉语里的介词"从"。"来自"的意思就是"从……（地方）来"。

The word "来自" is from the classical Chinese. "自" is a function word, similar to the preposition "从" in the modern Chinese. It means "come from".

(1) 这儿的工作人员来自全国各地。

(2) 我们外国留学生来自世界各国。

(3) 来自二十多个不同地区的代表在一起商讨问题。

3 每到一个民族的重大节日还举行庆祝活动

"每到"表示同一动作有规律地反复出现。同样的还有"每当"等。一般后边有"都"相呼应。

"每到" indicates that one action takes place regularly and repeatedly. "每当" is used in the same way. "都" is often used in the latter part of the sentence.

(1) 每到四月初，学校都要组织学生去春游。

(2) 每到假期，他就和同学们一起去旅游。

(3) 每当说起在中国留学的情况，他都非常激动。

(4) 每当这个时候，我都要去看望老师。

练习　Exercises

1 回答问题。

Answer the following questions.

(1) 中国有多少个民族？你能说出它们的名字吗？

(2) 为什么说到了民族大学就像到了一个多民族的大家庭？

(3) 少数民族的学生能上什么大学？

(4) 你能说出几个中国少数民族的节日吗？

2 阅读短文，然后进行对话。

Read the following passages and then make dialogues based on them.

(1) 泼水节：

　　　　泼水节是傣族一年中最重大的传统节日。时间在傣历六七月（即公历四月）。节日期间的主要活动是人们相互泼水，表示祝福。其他的活动还有看电影、看展览、赛船等。

(2) 火把节：

火把节是彝族、白族等少数民族的传统节日。一般在每年的八九月，节日为三天。在节日里，人们穿上漂亮的衣服，举行各种庆祝活动。夜里，人们来到外边，点上火把，一边喝酒，一边跳舞，欢度节日。

3 根据课文内容完成句子。

Complete the following sentences according to the text.

(1) 中国是一个_____的国家，有_____个民族，人口最多的民族是_____。

(2) _____民族都有自己的风俗习惯和传统节日。

(3) _____是为少数民族开办的学校，但少数民族的学生也可以上_____。

(4) 虽然汉族是人口最多的民族，但少数民族和汉族是_____ _____。

(5) _____一个民族的传统节日，民族大学都有庆祝_____。

4 用指定词语完成句子。

Complete these sentences with the words in the brackets.

(1) 这些代表_____。（来自）

(2) 哪个同学有问题_____。（举）

(3) 京剧＿＿＿＿＿＿＿＿＿＿，也能看懂大概的意思。(即使)

(4) 这件事儿怎么办好，＿＿＿＿＿＿＿＿＿＿＿＿。(考虑)

(5) 那个地方一点儿意思也没有，＿＿＿＿＿＿＿。(再也不)

5 用下面的词语造句。

Make sentences with the words below.

(1) 平等

(2) 一样

(3) 考虑

(4) 想

(5) 光

(6) 只

(7) 重大

(8) 重要

6 请介绍一下儿你们国家的民族情况，说说各民族都有哪些风俗习惯和传统节日。

Tell something about the nationalities in your country. What customs and traditional festivals do they have?

第四十课　参观工艺美术工厂
Visiting a factory of arts and crafts

课文 Text

A：张老师，今天下午参观工艺美术工厂，几点出发？

B：一点半。工厂离我们这儿不远，坐车十几分钟就到了。

A：我特别喜欢中国的工艺品，不知道工厂卖不卖？

B：工厂不卖。要买可以到工艺品商店去买。你想买什么呢？

A：想买的多啦！像瓷瓶、刺绣、唐三彩、绢人、景泰蓝什么的，都想买一点儿。回去送朋友，再好不过了。

B：王府井有一家工艺品商店，那里东西比较全，你可以去看看。

A：我常想，中国的工艺品那么精致，怎么做出来的呢？

B：今天你就可以看个明白了。

C:（工艺美术厂接待员）这是景泰蓝的第一个车间，景泰蓝上的各种图案全是工人用非常细的铜丝做的。

A:（走近一个工人）这个花瓶上的图案您是怎么做出来的？

D:（工人）您看这棵树。我先把铜丝剪好，做成一棵树的图案，再粘上去。

A:瓶上有画好的样子吗？

D:没有。有时候按心里想好的样子粘，有时候按画家画好的图案粘。

A:这简直跟绣花儿一样。粘好就行了吗？

D:不。要上颜色，上完颜色还要烧，而且要烧几次。以后还有好几道工序呢。

A:全都是手工吗？

C:差不多都是。时间不多了，我们去旁边那个车间看看吧。

A:没想到做一件工艺品这么不容易。

生词 New Words

❶	工艺	(名)	gōngyì	craft
❷	美术	(名)	měishù	art，painting
❸	工艺品	(名)	gōngyìpǐn	handicraft
❹	卖	(动)	mài	to sell
❺	瓷瓶	(名)	cípíng	porcelain vase
❻	刺绣	(名)	cìxiù	embroidery
❼	唐三彩	(名)	tángsāncǎi	tri-colored glazed pottery of the Tang Dynasty
❽	绢人	(名)	juànrén	silk figurine
❾	景泰蓝	(名)	jǐngtàilán	cloisonné
❿	全	(形)	quán	all
⓫	精致	(形)	jīngzhì	delicate，intricate
⓬	明白	(形、动)	míngbai	clear；to understand
⓭	接待员	(名)	jiēdàiyuán	receptionist
⓮	车间	(名)	chējiān	workshop
⓯	细	(形)	xì	thin
⓰	铜丝	(名)	tóngsī	copper wire
⓱	花瓶	(名)	huāpíng	vase
⓲	剪	(动)	jiǎn	to cut
⓳	粘	(动)	zhān	to stick，to glue
⓴	绣	(动)	xiù	to embroider
㉑	上	(动)	shàng	to put on
㉒	烧	(动)	shāo	to bake，to fire
㉓	道	(量)	dào	*a measure word*

㉔	工序	（名）	gōngxù	working procedure，process
㉕	手工	（名）	shǒugōng	handwork

注释 Notes

1 像瓷瓶、刺绣、唐三彩、绢人、景泰蓝什么的

"什么的"用在一个成分或几个并列成分后，相当于"等等"。用于口语。

"什么的" is used in spoken language after something or a list of things. It is similar to "等等".

(1) 桌子上放着本子、书什么的。

(2) 他不喜欢跳舞什么的，就爱打球。

(3) 他买了鱼呀、鸡呀、肉呀什么的。

2 那里东西比较全

形容词"全"表示完备、齐全。

The adjective "全" means "all" or "complete".

(1) 人都来全了，开车吧！

(2) 这个商店的东西很全，吃的、穿的、用的样样都有。

(3)《百家姓》把所有的姓都收全了吗？

副词"全"表示完全、都。

The adverb "全" indicates "all" or "completely".

(4) 二十课生词我全复习完了。

(5) 这个班的学生全都考上大学了。

(6) 十年没来，这儿的样子全变了。

3 今天你就可以看个明白了

"动词＋个＋形容词/动词"时，"个"的作用与"得"相近。"个"前的动词可以带"了"。

In the structure "verb ＋ 个 ＋ adjective/verb", "个" is similar to "得". "了" can be placed between the verb and "个".

(1) 星期日我们玩儿了个痛快。

(2) 他高兴极了，笑个不停。

(3) 这些问题，我要找王老师问个明白。

练习 Exercises

1 回答问题。

Answer the following questions.

(1) A 去参观什么工厂？

(2) A 说他喜欢中国的哪些工艺品？

(3) 景泰蓝的图案是怎么做出来的？

(4) 为什么说做一件工艺品很不容易？

2 按正确的语序把下面的句子组合成一篇短文。

Rearrange the following sentences into a short passage.

(1) 据说一千多年前就有这种制作工艺，

(2) 景泰蓝的制作工艺非常复杂，

(3) 景泰蓝的品种有瓶、碗、盘、台灯、烟具等。

(4) 景泰蓝是有名的特种工艺品之一。

(5) 到五百多年前开始广泛流行。

(6) 其中最复杂的是用铜丝制作图案。

(7) 制作工序有好几道，

3 选择恰当的词语填空。

Fill in the blanks with the appropriate words from the list given below.

> 样子　绣　简直　图案　手工　明白　按

(1) 你就＿＿＿＿＿我说的时间去找他，他准在家。

(2) 他走路的＿＿＿＿＿很像我的老师。

(3) 这些衣服上的花儿都是我母亲＿＿＿＿＿的。

(4) 这件毛衣上的＿＿＿＿＿是我自己想出来的。

(5) 这些工艺品都是＿＿＿＿＿做的，所以很贵。

(6) 直到昨天我才＿＿＿＿＿那次他发脾气的原因。

(7) 我＿＿＿＿＿不知道说什么好。

4 根据指定内容进行对话。

Make dialogues based on the following statements.

(1) 景泰蓝的制作方法。

(2) 你最喜爱的中国工艺品。

(3) 你们国家工艺美术品方面的情况。

词汇表
Vocabulary

A

爱情	(名)	àiqíng	25
安排	(动)	ānpái	34
按	(介、动)	àn	21
按照	(介)	ànzhào	35

B

八宝饭	(名)	bābǎofàn	36
白酒	(名)	báijiǔ	30
拜访	(动)	bàifǎng	31
办法	(名)	bànfǎ	22
办(学)	(动)	bàn(xué)	32
帮	(动)	bāng	31
帮助	(动)	bāngzhù	34
包	(动)	bāo	36
包子	(名)	bāozi	36
薄	(形)	báo	37
保护	(动)	bǎohù	26
保险箱	(名)	bǎoxiǎnxiāng	34
保障	(名、动)	bǎozhàng	34
抱歉	(形)	bàoqiàn	30
北方	(名)	běifāng	36
倍	(量)	bèi	27

本来	(副)	běnlái	24
笔直	(形)	bǐzhí	27
别	(动)	bié	25
别提	(动)	biétí	38
并	(副)	bìng	27
并排	(动)	bìngpái	27
伯父	(名)	bófù	31
伯母	(名)	bómǔ	31
不断	(副)	búduàn	27
不止	(副)	bùzhǐ	21
布置	(动)	bùzhì	24

C

草	(名)	cǎo	21
产	(动)	chǎn	27
尝	(动)	cháng	23
车间	(名)	chējiān	40
趁	(介)	chèn	30
成家		chéng jiā	30
成人教育		chéngrén jiàoyù	33
城楼	(名)	chénglóu	29
城砖		chéng zhuān	29
虫	(名)	chóng	26

专　名
Proper Nouns

部分练习参考答案
Keys to Some Exercises

第二十一课
4 完成句子。

(1) 不止一次
(2) 穿戴
(3) 北京的变化太大了
(4) 按月交税
(5) 按八小时算
(6) 大学快毕业了
(7) 听说你明年要去国外学法律
(8) 比如北京、上海、南京、广州等等
(9) 一米八左右
(10) 五百元左右

第二十二课
4 用指定疑问代词改写句子。

(1) 你想去哪儿,我就带你去哪儿。
(2) 这些东西,你喜欢什么就可以吃什么。
(3) 老师说什么,你就说什么。
(4) 谁想去参观,谁就可以去拿票。

5 选择恰当的词语填空。

(1) 到时候
(2) 代表
(3) 办法
(4) 雪白
(5) 有关系

第二十三课
3 用指定词语完成句子。

(1) 有的说去爬山,有的说去逛公园
(2) 有的坐车去的,有的骑车去的
(3) 有节目表演,有风味小吃,有游戏……真够热闹的
(4) 学习汉语各有各的打算
(5) 你们各回各的宿舍等通知
(6) 关于中国历史的小说
(7) 关于考试的事情
(8) 为了健康

4 选择恰当的词语填空。

(1) 印象

(2) 整个

(3) 过　过

(4) 关于

(5) 热闹

(6) 为了

第二十四课

3 用指定词语完成句子。

(1) 攒够了没有

(2) 本来是黄的

(3) 明天学校举行庆祝会

(4) 担心找不到

(5) 我担心他做不好这件事儿

4 选择恰当的词语填空。

(1) 下来

(2) 原来

(3) 本来

(4) 矛盾　分开

(5) 多少　寂寞

第二十五课

2 按正确的语序把下面的句子组合成一篇短文，然后根据短文内容进行对话。

(6)(2)(8)(3)(7)(9)(10)(4)
(1)(5)

3 用指定词语完成句子。

(1) 又不认识

(2) 又不太清楚这件事儿

(3) 怎么今天就变主意了

(4) 怎么今天就找不到他了

(5) 再舒服不过了

(6) 再好看不过了

4 选择恰当的词语填空。

(1) 别　甜

(2) 合适

(3) 打扮

(4) 天生

(5) 带

(6) 参加

第二十六课

3 用指定词语完成对话。

B：我不但去过，而且去过三次

A：确实非常伟大

B：不是普通的建筑，而是历史
奇迹

A：闻名世界呢

第二十七课

2 用指定词语造句。

(1) 那个地方最热时比这里热六
七度。

(2) 我最重的时候比现在重十多斤。

(3) 这座城市里，最高的建筑比
那座建筑高十几层。

(4) 我们班最大的同学比我大好
几岁。

(5) 这儿苹果最便宜的时候比现
在便宜五毛钱。

(6) 那家商场卖得最贵的皮鞋比
这里贵几百块钱。

3 从括号里选择词语填空。

(1) 知道　认识

(2) 认识　知道

(3) 知道

(4) 知道

(5) 知道　认识

4 说出下列词的反义词。

长——短　　黑——白

宽——窄　　老——少

深——浅　　胖——瘦

好——坏　　贵——便宜

重——轻　　热——冷

5 完成句子。

(1) 最宽的大街　一百多
最长的大街　四十七

(2) 一尺街　短　十几米
前门外　两米多
还不到七十厘米

(3) 尼可　一米八四
田村　十八

(4) 田村　七点半

(5) 尼可　十二点半

第二十八课

2 根据课文内容完成短文。

(1) 走过

(2) 杨蠹

(3) 选

(4) 道德

(5) 优点

(6) 事事

(7) 着想

(8) 邻居家

(9) 放

(10) 院子

(11) 生气

(12) 少

(13) 多

(14) 算了

3 填入恰当的动词。

(1) 记

(2) 提

(3) 选　做

(4) 骑

(5) 怕　怕　怕

(6) 讲

(7) 着想

4 模仿例句改写句子。

(1) 他天天骑自行车外出。

(2) 我们班人人都有这本书。

(3) 小王月月都请他的朋友吃饭。

(4) 南方人喜欢顿顿都吃米饭。

(5) 她穿的衣服件件都很合适。

(6) 这些苹果个个都很甜。

5 选择恰当的词语填空。

(1) 难怪　走着

(2) 生　气

(3) 大声

(4) 着想

(5) 算了

第二十九课

2 根据课文内容完成短文。

(1) 历史

(2) 封建

(3) 大典

(4) 两千平方米

(5) 柱子

(6) 壮观

(7) 世界

(8) 站

(9) 大开眼界

3 选择恰当的词语填空。

(1) 亲笔

(2) 亲口

(3) 亲手

(4) 亲眼

(5) 亲自

第三十课

3 选择恰当的词语填空。

(1) 家常便饭

(2) 耽误

(3) 趁

(4) 脱不开身

(5) 顾

(6) 醉

(10) 父亲

(11) 下地

(12) 不错

(13) 工资

(14) 种

(15) 养

(16) 缺

(17) 找到对象

4 用指定词语完成句子。

(1) 我都忙不过来了

(2) 真有两下子

(3) 连一句话也没说

(4) 怎么拿得过来

(5) 耽误了您的休息

4 从括号里选择语词填空。

(1) 谈

(2) 想

(3) 问

(4) 提

(5) 唱

第三十一课

3 根据课文内容完成短文。

(1) 郊区

(2) 新鲜

(3) 朋友

(4) 郊区

(5) 拜访

(6) 母亲

(7) 地里

(8) 妹妹

(9) 休息

5 说出下列各句中"就"的意思并模仿造句。

(1) 早

(2) 马上

(3) 只

(4) 表强调

6 选择恰当的词语填空。

(1) 日子　祝贺

(2) A：打扰　耽误　对不起

　　B：哪儿的话

(3) 就

(4) B：开　玩笑　找

第三十二课

2 根据课文内容完成短文。

(1) 老大

(2) 很好

(3) 优秀

(4) 毕业

(5) 考上了

(6) 研究生

(7) 一般

(8) 职业高中

4 用指定词语完成对话。

(1) A：有吃的

　　B：你想吃什么

　　A：随便什么都行

(2) A：想买一件吗

　　B：太贵了，我买不起

(3) 考不上大学，复读一年再考

(4) 我知道，好像还是免费的，有机会我一定去

5 选出正确的句子。

(1) A　　(2) B　　(3) A　　(4) A

第三十三课

2 完成句子。

(1) 他才学了半年就说得那么好

(2) 又工作又忙家务

(3) 中国的万里长城

(4) 做起来并不容易

(5) 而且还能开飞机

4 选择恰当的词语填空。

(1) 业余　自学　合格　文凭

(2) 一边　一边　忙　重　辛苦

(3) 位　好学　刻苦

　　活到老，学到老　可贵

(4) 机会　社会　帮助　方便

第三十四课

2 模仿例句改写句子。

(1) 他靠自己打工才读完了大学。

(2) 他靠查词典写了一篇两千字的文章。

(3) 跟展览有关的事儿都已经商量好了。

(4) 跟金融专业有关的情况，请你去问张老师。

4 为括号中的词语选择适当的位置。

(1) ②　(2) ②　(3) ③　(4) ③

5 选择恰当的词语填空。

(1) 义务教育
(2) 努力
(3) 选择
(4) 离
(5) 好像
(6) 保障

6 从括号里选择词语填空。

(1) 靠
(2) 离
(3) 也
(4) 由
(5) 让

第三十五课

3 从括号里选择词语填空。

(1) 不敢　怕
(2) 欠债　借钱
(3) 以前　那时候
(4) 躲

(5) 赚
(6) 亲自　亲笔

第三十六课

2 根据课文内容完成短文。

(1) 南方
(2) 北方
(3) 不同
(4) 咸
(5) 甜
(6) 面食
(7) 包子
(8) 饺子
(9) 馒头
(10) 面条儿
(11) 米饭
(12) 受
(13) 委屈
(14) 饺子
(15) 受
(16) 委屈
(17) 米饭

4 用"动词＋得＋过来"或"动词＋不＋过来"填空。

(1) 看得过来

(2) 逛不过来

(3) 吃不过来

(4) 玩儿不过来

(5) 尝不过来

5 选择恰当的词语填空。

(1) 甜　糖

(2) 虽然　但是　习惯

(3) 惯

(4) 吃不惯

(5) 受委屈

(6) 包

第三十七课

2 根据课文内容完成短文。

(1) 元宵

(2) 元宵

(3) 煮

(4) 刚

(5) 元宵

(6) 马上

(7) 馅儿

(8) 烫

(9) 如果

(10) 烫

4 从括号里选择词语填空。

(1) 冷　冻

(2) 冷

(3) 热

(4) 刚才　刚

(5) 刚才　刚

(6) 以后

5 选择恰当的词语填空。

(1) 来历

(2) 受不了

(3) 后来

(4) 受得了

(5) 以为

(6) 关于

第三十八课

2 根据课文内容完成短文。

(1) 栗子面小窝头

(2) 窝头

(3) 用

(4) 做

(5) 用

(6) 做

(7) 逃跑

(8) 饿

(9) 穷人

(10) 香

(11) 窝头

(12) 做窝头吃

(13) 再

(14) 香

(15) 聪明

(16) 改

(17) 很小

(18) 既

(19) 又

3 选择恰当的词语填空。

(1) 传

(2) 改

(3) 怎么

(4) 发

(5) 感

(6) 倒霉

(7) 其实

第三十九课

3 根据课文内容完成句子。

(1) 多民族　五十六　汉族

(2) 少数

(3) 中央民族大学　别的大学

(4) 平等的

(5) 每到　活动

4 用指定词语完成句子。

(1) 来自全国各地

(2) 请举手

(3) 即使听不懂

(4) 我们大家好好儿考虑一下儿

(5) 我再也不去了

第四十课

2 按正确的语序把下面的句子组合成一篇短文。

(4) (1) (5) (3) (2) (7) (6)

3 选择恰当的词语填空。

(1) 按

(2) 样子

(3) 绣

(4) 图案

(5) 手工

(6) 明白

(7) 简直